ULLRICH

VON DAAGEN

Personalwesen

Qualitatives Personalmanagement und

zeitgemäße Personalführung

Inhalt

Personalentwicklung - Einführung

In einem Unternehmen sind es die Mitarbeiter, welche Produkte erzeugen oder Dienstleistungen erstellen. Dabei stellen diese in der heutigen Zeit einen der kostenintensivsten Produktionsfaktoren dar.

Aufgaben und Entscheidungen die sich mit dem Personal beschäftigen, zählen zu dem Handlungsfeld des Personalmanagement eines Unternehmens.

Die Führung des Unternehmens steht vor der Aufgabe, die wachsenden sozialen und personellen Anforderungen mit dem ebenso steigenden Anforderungen an die wirtschaftliche Leistungsfähigkeit in Einklang zu bringen. Hinzu kommen die Problematik des Demographischen Wandels und der Bereich der ständigen Entwicklung neuer Technologien. Der Personalpolitik fällt daher eine besonders tragende Rolle bei der Lösung innerbetrieblicher Probleme zu.

Ein Fehler im Personalmanagement kann dem Unternehmen teuer zu stehen kommen, seien es Fehlbesetzungen welche Qualitätsmängel, Zusatzkosten oder Kundenverluste mit sich bringen, oder auf Grund anderer Sachverhalte die oftmals zu Arbeitsstreitigkeiten mit hohen Kosten führen.

Das Personalmanagement ist daher ein wichtiger Bestandteil der Unternehmenspolitik. Sie steht unmittelbar in Wechselseitiger Beziehung zu allen anderen Bereichen eines Unternehmens.

Ziele des Personalmanagements

Das Personalmanagement verfolgt sowohl wirtschaftliche, als auch soziale Ziele.

Die wirtschaftlichen Ziele orientieren sich an dem Wirtschaftlichkeitsprinzip. Es ist auch unter den Begriffen Gewinnmaximierungsprinzip oder Erwerbswirtschaftliches Prinzip bekannt. Ziele können daher sein:

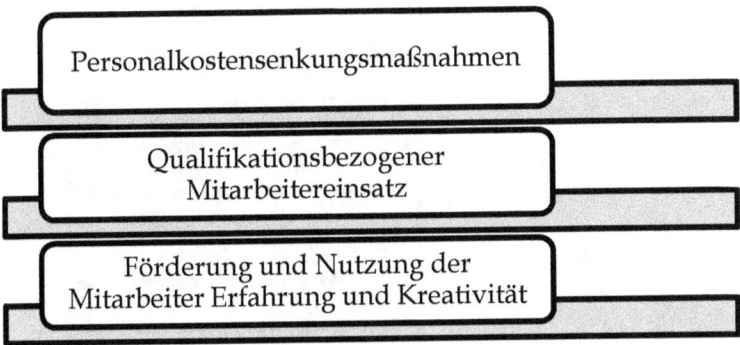

Personalkostensenkungsmaßnahmen

Qualifikationsbezogener
Mitarbeitereinsatz

Förderung und Nutzung der
Mitarbeiter Erfahrung und Kreativität

Die humanitären bzw. sozialen Ziele sind auf die Menschen im Unternehmen gerichtet. In diesem Zusammenhang sollten die sowohl positiven, als auch negativen Konsequenzen auf die Mitarbeitermotivation berücksichtigt werden.

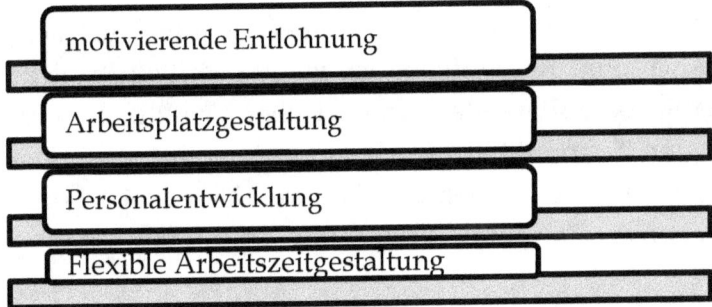

motivierende Entlohnung

Arbeitsplatzgestaltung

Personalentwicklung

Flexible Arbeitszeitgestaltung

Wirtschaftliche und soziale Ziele sind vielfach konträr, da ein Ziel das andere häufig negativ beeinflusst.

Strategische Handlungsfelder des Personalmanagements

Die Handlungsfelder des Personalmanagements sind:

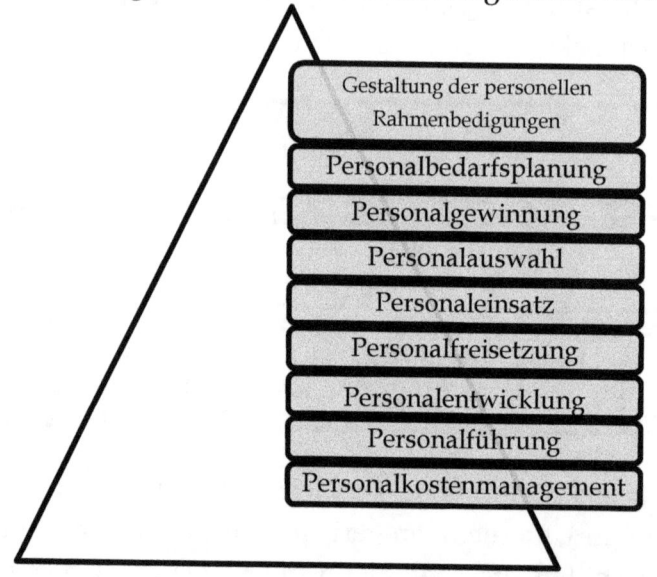

Gestaltung der personellen Rahmenbedigungen

Personalbedarfsplanung

Personalgewinnung

Personalauswahl

Personaleinsatz

Personalfreisetzung

Personalentwicklung

Personalführung

Personalkostenmanagement

Personalplanung

Die Personalplanung ist ein Teilbereich der Unternehmensplanung. Kernaufgabe ist es, zu ermitteln, welche Anzahl von Mitarbeitern mit welcher Qualifikation zu welchem Zeitpunkt an welchem Ort benötigt wird. Planungszeiträume können das Quartal, das Halbjahr oder auch längere Zeiträume sein.

Personaleinsatzplanung

Im Gegensatz zur Personalplanung hat diese Form der Planung operativen Charakter, d.h. der Planungszeitraum ist relativ kurz. Meist ist es notwendig, für geplante oder vorliegende Aufträge eine Planung der benötigten Arbeitskräfte vorzunehmen, um keine Überschneidung mit anderen Aufträgen hervorzurufen.

Personalbeschaffung

Wenn ein Unternehmen in der Personalplanung einen Bedarf an Mitarbeitern feststellt, denkt es über die Personalbeschaffung nach. Ein Personalbedarf wird durch Maßnahmen der Personalbeschaffung gedeckt. Es wird zwischen externer und interner Personalbeschaffung unterschieden. Um einen optimalen Bewerber für eine Stelle zu finden, müssen zuverlässige und objektive Personalauswahlverfahren angewandt werden, um Fehlentscheidungen zu vermeiden.

Neue Mitarbeiter müssen achtsam in das Unternehmen eingeführt werden. Eine sorgfältige Einarbeitung und Eingliederung stellt ein Bindeglied zwischen dem Unternehmen und der zukünftigen Tätigkeit dar. Sie soll sicherstellen, dass sich der neue Mitarbeiter möglichst schnell eingewöhnt.

Personalkostenmanagement

Die Vergütung der gewerblichen Arbeitnehmer nennt man Lohn. Angestellte bekommen ein Gehalt. Es gibt unterschiedliche Vergütungsmodelle, die auf die jeweilige

Stelle und deren Anforderungen zugeschnitten sind. Akkordlohn ist zum Beispiel eine Lohnart, bei der sich die Höhe des Lohns nach dem erbrachten Arbeitsergebnis richtet. Bei der Mitarbeiterbeteiligung dagegen werden die Arbeitnehmer am Unternehmen oder am Unternehmenserfolg beteiligt.

Personalführung

Menschen zu führen heißt, sie zielgerichtet dahingehend zu bewegen, Aufgaben motiviert zu übernehmen und erfolgreich durchzuführen. Unter dem Führungsstil versteht man das über einen längeren Zeitraum ausgeübte Führungsverhalten eines Vorgesetzten gegenüber seinen Mitarbeitern. Der Vorgesetzte nimmt im betrieblichen Alltag unter anderem Aufgaben der Information, Kommunikation und Rückmeldung wahr.

Personalfreisetzung

Wenn ein Unternehmen nach der Personalplanung einen Personalüberhang aufweist, muss es über Personalfreisetzung nachdenken. Man unterscheidet zwischen internen und externen Personalabbau. Bei der internen Personalfreisetzung werden Personalüberkapazitäten abgebaut ohne den Personalbestand zu verringern. Bei der externen Personalfreisetzung wird der Personalbestand reduziert.

Personalplanung

Die Personalplanung umfasst alle Handlungen welche Entscheidungen über zukünftiger Verwendung von Personal sowie Vorbereitung und Kontrolle dieser Entscheidungen zum Gegenstand haben. Dabei müssen die Quantität und Qualität der Mitarbeiter ebenso Berücksichtigung finden wie die Einhaltung von Kostenplänen und geplanten Kostenverläufen. Die Personalplanung optimiert die Verfügbarkeit der Mitarbeiter und die Wirksamkeit ihres Einsatzes mit dem Ziel der optimalen Auslastung der betrieblichen Kapazität.
Einige spezielle Aufgaben der Personalplanung sind:

o   Die Planung der Personaldeckung vom internen und externen Arbeitsmarkt.

o   Die Planung der Kostenentwicklung im Personalbereich

o   Die Planung der Entwicklung und Förderung des Mitarbeiterpotentials.

o   Die Planung der Entwicklung von Personalstrategien.

Personalbedarfsplanung

Mit Hilfe der Personalbedarfsplanung wird abgeschätzt, wie groß der Personalbedarf eines Unternehmens derzeit und in der Zukunft sein wird.

Der Personalbedarf wird qualitativ und quantitativ geplant.

Der Bedarf in der gewünschten Anzahl, zur gewünschten Zeit am gewünschten Ort und mit den erforderlichen Qualifikationen ist zu ermitteln. Bei einer Planung nach Qualität werden die in Zukunft (kurz-, mittel- oder langfristig) bzw. bis zum Planungshorizont notwendigen Qualifikationen/Fähigkeitsprofile ermittelt. Die Qualifikationen und Stellentypen werden hierzu meist in Kategorien gebündelt. Die Stellenbeschreibung dient schließlich der qualitativen Beschreibung des Bedarfs.

Zur Berechnung des quantitativen Personalbedarfs dient der Abgleich zwischen vorhandenen Kapazitäten mit dem konkreten Bedarf unter Zuhilfenahme der Kennzahlmethode bzw. der Stellenplanmethode.

Bei der Planung der Quantität werden, meistens zu statistischen Zwecken, Köpfe gezählt. Hierzu kann man folgende Formel anwenden:

Zukünftiger Personal-Bestand = aktueller Bestand + Zugänge - Abgänge

Bei der Planung der Quantität wird häufig auf die Rechnung in Manntagen bzw. Full Time Äquivalent zurückgegriffen.

Die Personalbedarfsplanung beinhaltet demnach eine zeitliche und eine lokale Komponente. Die zeitliche Komponente zeigt, bis zu welchem Planungshorizont welche Bedarfsprognosen gemacht werden können und die lokale Komponente erfasst das Arbeitsvolumen vor Ort.

Bedarfsarten

Entsprechend der Zielsetzung der Personalplanung unterscheidet man:

- Ersatzbedarf, d.h. der durch ausscheidende Mitarbeiter verursachte Bedarf (Gründe können sein: Tod, Invalidität, Pensionierung, Kündigung durch Arbeitnehmer oder Arbeitgeber);
- Neubedarf (Erweiterungsbedarf), d.h. der über den augenblicklichen Personalbestand hinausgehende (zusätzliche) Personalbedarf (Gründe sind: Erhöhung der Betriebskapazität, Arbeitszeitverkürzungen, Hochkonjunktur);
- Minderbedarf (Personaleinschränkung), d.h. Rückgang des Personalbedarfs (Gründe sind: Rationalisierungsmaßnahmen, Strukturkrisen, Rezession)
- Reservebedarf, Abrufbereites Personal ("Rufbereitschaft" bei Feuerwehr, zusätzlich zum Stammpersonal kann in Notsituationen noch ein weiterer Personalstamm abgerufen werden)
- Zusatzbedarf, kurzfristiges zusätzliches Personal (Gründe sind z.B. saisonale Konjunkturschwankungen wie z.B. die Weinernte im Herbst)
- Freistellungsbedarf, Personalüberschuss, der aus verschiedenen Gründen abgebaut werden muss, z.B. bei Absatzschwierigkeiten, bei Produktionseinschränkungen, Betriebsstilllegungen, Schließung von Betriebsteilen und Filialen, bei Rationalisierungsinvestitionen. (Quelle: nach Wikipedia)

Vergleichstypen der Personalbedarfsermittlung

Zeitvergleich: Vergleich vom Planungszeitpunkt - Planungshorizont

(kurzfristig: < 1 Jahr / mittelfristig: 1-3 Jahre / langfristig: > 3 Jahre)

SOLL/IST Vergleich: Status-Quo (=Ist) wird vgl. mit zukünftigem Planungsbedarf (=Soll)

Methoden der quantitativen Personalbedarfsermittlung

- Vergangenheitsorientiert: Trend-, Analogie-, Regressions-Methode, Korrelationsrechnung, ökonomisches Modell, Kennzahlenmethode
- Zukunftsorientierte Methode: Expertenbefragung, Delphi-Methode (Orakel), Szenario Technik Wichtig ist hierbei die Wahl des geeigneten Schätzverfahrens z.B. Kennzahlenmethode:

Berechnung des Personalbedarfs mit Kennzahlenmethode

o Globales Verfahren:

- 106 Mio. Umsatz / 530 MA = 200.000/MA

- 118 Mio. Umsatz $\equiv$ 594 MA

o Differenziertes Verfahren:

- 1 MA betreut 400 MA $\rightarrow$ 280 zusätzliche MA $\equiv$

0.7 MA Personalbetreuung

14

Personalbemessung

Personalbedarf = $\dfrac{\text{(ArbeitsMenge x Zeitbedarf pro Menge)}}{\text{durchschnittl. Arbeitszeit pro Mitarbeiter}}$

PERSONALBESCHAFFUNGSPLANUNG

Bevor die Personalbeschaffung (auch Personalmarketing bezeichnet) geplant werden kann, muss der Personalbedarf wie in obigem Absatz beschrieben ermittelt werden.

Die Beschaffung des geplanten Bedarfes kann in zwei wesentliche Bereiche unterteilt werden, die interne Personalbeschaffung und externe Personalbeschaffung.

Grundlagen der Personalbeschaffung

Bevor die Personalbeschaffung ansteht, müssen nachfolgende Punkte erörtert werden:

- Anforderung an den Mitarbeiter (insbesondere Fach- und Sozialkompetenz)
- Art des Beschaffungsweges
- Beurteilungskriterien für eingehende Bewerbungen
- Auswahlrichtlinien

Die Personalbeschaffung lässt sich in die interne und externe Beschaffung unterteilen.

Die interne Beschaffung

Naheliegend ist zunächst die Auswahl aus dem vorhandenen Arbeitnehmerpotential. Zur Aktivierung des Arbeitsmarktes innerhalb der Organisation werden interne Stellenausschreibungen durch Rundschreiben, Aushänge oder in sonstiger Form vollzogen. Diese Möglichkeit der Personalbeschaffung wird durch das Betriebsverfassungsgesetz forciert, da der Betriebsrat dadurch zunächst eine innerbetriebliche Ausschreibung fordern kann, bevor die vakante Stelle nach außen hin angeboten wird.

Für die interne Beschaffung stehen folgende Möglichkeiten zur Verfügung:

- Rationalisierung und Nutzung der freiwerdenden Kapazitäten an anderer Stelle des Unternehmens
- Weiterbildung und Personalentwicklung z.B. PEP (Persönlichkeitsentwicklungsprogramm)
- Kontinuierliche Verbesserung der Arbeitsprozesse
- Eigene Ausbildung mit anschließender Übernahme
- Mehrarbeit

Die Vorteile der internen Beschaffung sind:

- o Eröffnung von Aufstiegschancen
- o Stärke Bindung der Mitarbeiter an das Unternehmen
- o Geringe Beschaffungskosten

- o Einhaltung des betrieblichen Lohn-/Gehaltniveaus
- o Schnelle Stellenbesetzung
- o Motivation der Mitarbeiter

Aus der internen Beschaffung können sich auch Nachteile ergeben:

- o Weniger Auswahlmöglichkeiten
- o unter Umstände hohe Fortbildungskosten
- o zu starke kollegiale Bindungen
- o Gefahr vor Vergreisung im Unternehmen
- o Enttäuschung von andern Mitarbeitern (Neid und Demotivation)

Die externe Personalbeschaffung

Die Nutzung des externen Beschaffungsweges ist in erster Linie abhängig von der:

I.   Situation auf dem Arbeitsmarkt
II.   Bedeutung der Stelle
III. Qualifikation der benötigten Arbeitskraft

Sie lässt sich in passive / unmittelbare und aktive / mittelbare Personalbeschaffung unterscheiden.

Passive Personalbeschaffung

Sie erfolgt durch Personalbewerbung mit der Zielsetzung der Bekanntmachung, so dass viele so genannte „Blindbewerbungen" zugesandt werden. Bei einer Notwendigkeit werden die Bewerber aus dem Pool zuerst herangezogen und zur Auswahl gestellt. Weitere Möglichkeiten der passiven Personalbeschaffung ergeben sich aus der Nutzung des:

- Arbeitsmarktservice der Bundesagentur für Arbeit (virtueller Stellenmarkt)
- E-Beschaffung über Bewerberdatenbanken im Internet
- Personalleasing oder Zeitarbeit.

Aktive Personalbeschaffung

Die aktive Personalbeschaffung greift bedarfsorientiert auf unterschiedliche Medien zurück. Neben der zielgerichteten Werbung kommen interaktive Medien (z.B. Homepage des Unternehmens) und Firmenvorstellung in Betracht. Darüber hinaus können Mittler hinzugezogen werden. Beispiele für die Aktive Personalbeschaffung sind:

- Nutzung von Job- und Rekrutierungsbörsen
- Beauftragung von Personalvermittler oder Fallmanager der Arbeitsagentur
- Stellenausschreibung durch Annoncen im Internet, in der Zeitung etc.
- Informationsveranstaltungen bei Bildungsträgern und (Fach-)Hochschulen
- Firmenkontaktmessen an (Fach-)Hochschulen

Die Vorteile der externen Beschaffung sind:

➢ Große Auswahl an Bewerbern
➢ Geringe Fortbildungskosten
➢ ...

Die Nachteile der externen Beschaffung können sein:

➤ hohe Beschaffungskosten
➤ Risiko der Fehlbesetzung im Vergleich zur internen Personalbeschaffung
➤ Eingliederungsschwierigkeiten
➤ ...

Personalbeschaffung über Zeitarbeitsfirmen

Arbeitnehmerüberlassung zeichnet sich nach deutschem Recht durch ein spezifisches Dreiecksverhältnis zwischen Leiharbeitnehmer, Verleihunternehmen und Entleihungsunternehmen aus (siehe Abbildung auf der nächsten Seite). Der Leiharbeitnehmer ist bei einer so genannten Zeitarbeitsfirma angestellt. Er hat dort die üblichen Arbeitnehmerrechte und bekommt einen gesetzlichen Tariflohn. Er hat bei alle üblichen Arbeitnehmerrechten gegenüber dem Zeitarbeitsunternehmen.

Der Leiharbeiter erbringt seine Arbeitsleistung im Gegensatz zu einem „normalen" Arbeitnehmer allerdingst nicht im Verleihunternehmen, sondern wird von diesem an ein anderes Unternehmen gegen Entgelt verliehen.

In den Entleihfirmen haben die dortigen Vorgesetzten das Direktionsrecht (Weisungsbefugnis) über den Leiharbeiter und die Verantwortung für den Arbeitsschutz.

Durch den Einsatz von Leiharbeitnehmern müssen für Nachfragespitzen keine Arbeitskräfte gesucht und eingestellt werden. Bei Nachlassen kann auf die Arbeitskräfte ohne Entlassungen verzichtet werden. Zwischen den Leiharbeitnehmern und den entleihenden Unternehmen kommt keinerlei vertraglich Bindung zustande.

Grundlage für die Tätigkeit der Zeitarbeitsunternehmen ist das Arbeitnehmerüberlassungsgesetz (AÜG).

Ausdrücklich ausgenommen hiervon sind Betriebe, die dem Bauhauptgewerbe zugeordnet sind. In diese Betriebe dürfen gewerbliche Mitarbeiter (sowohl Arbeiter, als auch Helfer) kraft Gesetz nicht überlassen werden.

Kostenaspekt des Personalleasings

Durch Zeitarbeiter entstehen höhere Kosten je Arbeitsstunde. Es ist daher der Regelfall, dass die einzelnen verrechneten Stunden für einen Zeitarbeiter wegen des einkalkulierten Risikos der Nichtbeschäftigung, des Erkrankungsrisikos und der Gewinnspanne des Personalleasinggebers zu höheren Kosten führt.

Sinnvollerweise ist bei dem Kostenverglich die Break-Even-Analyse anzuwenden. Bei dem Einsatz eines Zeitarbeiters fallen die für die Rekrutierung neuer Mitarbeiter typischen Einmalkosten (z.B. Kosten für die Personalsuch und –auswahl) annähernd gänzlich weg. Hierfür ist die einzelne Arbeitsstunde teurer als die eines fest eingestellten Mitarbeiters. Graphisch umgesetzt bedeutet dies einen steileren Verlauf der Kosten, insofern man die Kosten als Funktion der Einsatzzeit betrachtet. Im Ergebnis gilt also die Tendenzaussage, dass bei kürzeren Bedarfszeiträumen Zeitarbeit die kostengünstigere Alternative sein wird.

Allerdings wird in der Unternehmenspraxis die Alternative zur Abdeckung eines Personalbedarfs im Regelfall nicht bedeuten: „Zeitarbeit versus Festeinstellung", sondern „Zeitarbeit gegen Überstunden der Stammbelegschaft". Denn für Überstunden sind in den meisten Tarifverträgen Überstundenzuschläge vorgesehen, welche je nach Menge und Wochentag zwischen 25 bis 100% ausmachen können.

Damit ergeben sich auch bei kürzeren Einsatzzeiten für das Personalleasing günstigere Kosten.

Vorbereitung der Personalbeschaffung

Bevor ein Unternehmen eine Stellenanzeige schalten kann, muss eine möglichst exakte Stellenbeschreibung vorliegen. Diese beinhaltet alle Informationen über den Aufgaben-, Kompetenz- und Verantwortungsbereich, sowie der Über- und Unterordnung der Stelle.

Die Inhalte von Stellenbeschreibungen variieren in der Praxis je nach Unternehmen. Die Formulierung soll klar, einfach und unmissverständlich sein und kann bzw. sollte unter anderem, nachfolgende Angaben enthalten:

- Stellenbezeichnung
- Rang des Stelleninhabers
- Einordnung der Stelle in die Unternehmensorganisation
- Leitungsbereich (für Führungskräfte)
- Vorgesetzter des Stelleninhabers
- Unmittelbar unterstellte Mitarbeiter
- Stellvertretung
- Zielsetzung der Stelle
- Aufgaben

- Kompetenzen und Pflichten
- Anforderungen an den Stelleninhaber
- Zusammenarbeit mit anderen Stellen
- Angabe von Lohn- oder Gehaltsgruppe
- Eintrittstermin

Auf Grundlage der Stellenbeschreibung ist es möglich, zum Beispiel mit Skills-Verfahren das vom Bewerber erwünschte Anforderungsprofil in Form eines Personalanforderungsbogens zu erstellen.

Beim Skill-Verfahren wird nach fachlichen, sozialen und konzeptionellen, organisatorischen Fähigkeiten unterschieden.

Die Beschaffung über Stellenanzeigen

Ein häufig angewandtes Mittel der Personalbeschaffung bildet die Schaltung von Stellenangeboten in den verschiedenen Medien. Für Klein- und Mittelständische Unternehmen kommen unter anderem Regionalzeitungen und Werbeblätter in Betracht. Auch Flyer in Tageszeitungen sind erschwinglich und erschließen einen größeren Personalmarkt.

Stellenanzeigen in den Printmedien
Stellenanzeigen sind Veröffentlichungen, welche das Vorhandensein von offenen Stellen anzeigen.

Sie stellen die Aufforderung eines Unternehmens zur Abgabe eines Bewerbungsangebots dar. Dieses Angebot zeigt die Bereitschaftserklärung einer Person, für bestimmte Leistungen bestimmt Gegenleistungen zu erbringen.

Dabei sollte allerdings berücksichtigt werden, dass je nach der zu besetzenden Stelle unterschiedliche Schwerpunkte gelegt werden müssen. Je nach Höhe der Hierarchieebene werden die Fähigkeiten in unterschiedlich starker Ausprägung benötigt. Die so ermittelten Informationen bilden die Grundlage für den informativen Teil der Stellenanzeige.

Die Stellenanzeige

Die Stellenanzeige ist das wirksamste Werbemittel eines Unternehmens, wenn es um die Einstellung von neuen Mitarbeitern geht. Zu diesem Zweck ist der Stellenmarkt einer Tageszeitung die beste Möglichkeit. Je nach Art der ausgeschriebenen Stelle kommt entweder eine regionale oder auch eine überregionale Zeitung dafür in Frage. Diese Art der externen Personalbeschaffung verursacht allerdings erhebliche Kosten. So kann eine Stellenanzeige in einer überregionalen Zeitung wie zum Beispiel in der „Zeit" schnell eine fünfstellige Summe ausmachen.

Wenn ein Unternehmen eine Stelle ausschreibt, dann sollte diese nach Möglichkeit exakt auf eine bestimmte Bewerbergruppe zugeschnitten sein, denn mit dieser Annonce wird der Arbeitsplatz quasi „verkauft". Aus werbepsychologischen Gründen ist es immer ratsam, dass die Anzeige so aufgebaut wird, dass der Interessent alle wichtigen Informationen erhält, die für ihn von Bedeutung sind. Dabei sind vier verschiedene Komponenten von großer Wichtigkeit: der Inhalt, das Format der Anzeige, der Text und die Gestaltung.

Der Aufbau einer Stellenanzeige
Für den perfekten Aufbau der Anzeige sind die „sechs großen W" eine gute Hilfe:

- Wer wirbt in dieser Anzeige? Die Firma oder das Unternehmen

- Welche Stelle ist zu besetzen? Genaue Beschreibung der Position

- Welche Aufgaben bringt die Position mit sich und was muss der Bewerber können?

- Was bietet das Unternehmen dem Bewerber? Gehalt, Sozialleistungen und freiwillige Zusatzleistungen

- Was ist für die Bewerbung erforderlich? Schriftliche oder mündliche Bewerbung, eventuell Arbeitsproben

- Wie soll der Bewerber mit der Firma Kontakt aufnehmen? Schriftlich, mündlich oder per Email

Die Größe der Anzeige sagt zum Beispiel einiges über die Firma aus und sie sollte immer der Position entsprechen. Als Faustregel gilt, dass die Kosten einer Stellenanzeige nach Möglichkeit nicht höher sein sollten, als das monatliche Gehalt für die zu besetzende Stelle.

Personalbeschaffung durch Versetzung

Der Arbeitgeber ist aufgrund seines Direktionsrechts grundsätzlich berechtigt, Änderungen des Arbeitsplatzes oder der Tätigkeit des Angestellten zu verfügen. Das Direktionsrecht geht allerdings nur soweit, wenn auch der Arbeitsvertrag einen Spielraum bei der Bestimmung von Zeit, Art und Ort der Arbeitsleistung zulässt.

Daneben sind die einzelnen Umstände des Arbeitsverhältnisses maßgebend. So ist mit Sicherheit die Versetzung eines ungelernten Angestellten leichter und eher möglich, als die Versetzung eines Spezialisten.

Ist im Arbeitsvertrag die Möglichkeit der Versetzung ausdrücklich vorbehalten, so kann der Arbeitgeber im Rahmen seines Direktionsrechts eine Anweisung zur Versetzung geben. Ansonsten ist die Versetzungsanordnung unwirksam. Um ggf. dennoch eine notwendige Versetzung herbeizuführen, kann eine Änderungskündigung durch den Arbeitgeber genutzt werden.

Ein Musterschreiben für eine Versetzung:

Versetzung

Sehr geehrte(r) Frau/Herr
_____/

hiermit machen wir unser Recht auf Ausspruch einer Versetzung geltend. Wir bitten Sie, ab dem _____ [Datum] *Ihre Arbeit in* _____ [hier: Ziel der Versetzung, v. a. geänderter Arbeitsplatz/Arbeitsort] *aufzunehmen.*

Personalauswahl

Das heute am häufigsten verwendete Verfahren in der Personalauswahl ist das Einstellungsgespräch, doch dieses zeichnet sich nicht durch hohe Validität aus und ist damit nicht unbedingt das geeignetste Verfahren. Viele Führungskräfte vertrauten dabei auf ihre Menschenkenntnisse und fällen so Personalentscheidungen auf dieser Grundlage.

Nicht zuletzt deshalb, weil viele glauben, dass Menschen einfach zu beurteilen sind. Leider wird auch noch heute mehr Geld in Investitionsentscheidungen, als für die Entscheidung der Mitarbeiterauswahl investiert.

Dabei kann man in der heutigen Zeit davon ausgehen, dass die Anforderungen der Arbeitsplätze und damit an den jeweiligen Arbeitnehmer zunehmen. Die Qualifikation der Mitarbeiter wird zwangsläufig stetig steigen müssen.

Daher ergeben sich folgende Fragen:

> Wer ist der richtige Bewerber?
> Wie findet man ihn?
> Wie kann man seine Eignung beurteilen?

Um eine objektive Auswahl eines geeigneten Bewerbers vornehmen zu können, ist es erforderlich einen Kriterienkatalog aufzustellen. Die Grundlage hierfür sollte die zuvor erarbeitete Stellenbeschreibung sein.

Kriterien für die Auswahl

Nachfolgende allgemeine Kriterien können eine Rolle bei der Auswahl spielen:

- Das gewünschte Durchschnittsalter
- Die Geschlechtsstruktur
- Persönlichkeitsmerkmale in Übereinstimmung mit dem Charakter des Betriebes
- Arbeitsbereiche, in denen der Bewerber benötigt wird

Die spezifischen Anforderungen an den Mitarbeiter ergeben sich aus dem vorgesehenen fachlichen Einsatzbereich.

Allgemeine Anforderungen an den Mitarbeiter sind:

- Gute Motorik und Körperbeherrschung (schnelle Reaktion)
- Stressfähigkeit und Belastbarkeit
- Kundenorientierung

Für Verkäufer sind außerdem die speziellen Anforderungen, wie

- Gepflegtes Äußeres
- Umgangsformen und Verhaltensweisen
- Fähigkeit zur Konversation
- Natürliche Freundlichkeit

wichtig.

Schlüsselqualifikationen

Des Weiteren werden bei der Auswahl von Bewerbern sehr häufig die so genannten Schlüsselqualifikationen (Kompetenzen) als Kriterien genutzt:

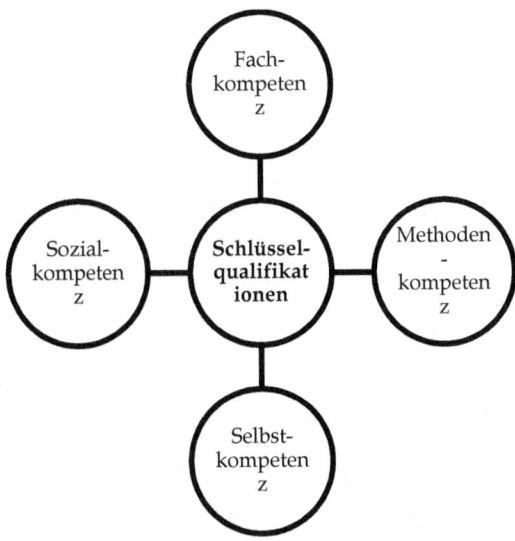

Verfahren der Personalauswahl

Es gibt unterschiedliche Verfahren um einen Bewerber auszuwählen. Oft werden verschiedene Verfahren in Reihenfolge angewandt, um eine Auswahl so sicher wie möglich zu gestalten.

Vorauswahl

Nach Eingang der Bewerbungsunterlagen erfolgt eine erste Vorauswahl der Bewerber. Hier ist eine Sichtung der Unterlagen notwendig, um die Bewerber nach der vorhandenen Qualifikation zu heraus zu filtern.

Die Bewerbungsunterlagen

Bewerbungsunterlagen sollten mindestens ein Anschreiben, ein Lebenslauf, Zeugnisse und Qualifikationsnachweise enthalten. In der Regel erweisen sich bei einer Stellenausschreibung bis zu 95 % der Bewerber als ungeeignet. Dabei spielt sowohl die mangelhafte Vollständigkeit, aber auch fachliche und persönliche Nichteignung für die ausgeschriebene Position eine tragende Rolle.

Ein Unternehmen hat im Hinblick auf die zugesandten Bewerbungsunterlagen Pflichten:

- Die Unterlagen sind sorgfältig und sicher aufzubewahren.
- Die Unterlagen dürfen weder beliebigen Mitarbeiter, anderen Unternehmen und auch nicht an betriebsfremden Personen zugänglich gemacht werden.
- Die Unterlagen sollte unverzüglich zurückgesandt werden.
- Nur bei einem berechtigten Interesse dürfen personenbezogene Daten gespeichert werden.

Aussagefähigkeit der Bewerbungsunterlagen

Unterlagen	Kriterien	Aussagefähigkeit		
		hoch	be-grenzt	keine
1. Anschreiben	Form		X	
	Handschrift		x	
	Inhalt	x		
2. Lebenslauf	Form		X	
	Handschrift		X	
	Inhalt	X		
	Familie		x	
	Religion			X
	Freizeit und Hobbys		X	
	berufliche Aussagen	X		
	berufliche Erwartungen	X		
3. Foto	Größe / Farbe		X	
4. Schulzeugnis	Ausbildungsdauer		X	
	Zensuren Trend		X	
	Benotungsschwerpunkte		X	
5. Ausbildungszeugnis	Ausbildungsdauer		X	
	Zensuren Trend		X	
	Benotungsschwerpunkte	X		
6. Weiterbildung	Fachbereiche	X		

	Bewertung	X		
7. qualifiziertes Arbeitszeugnis		X		
8. einfaches Arbeitszeugnis				X
9. Referenzen			X	
10. Arbeitsproben		X		
11. Personalbogen			x	

Analyse der Bewerbungsunterlagen

Nach Eingang der schriftlichen Bewerbungen zielt die Analyse der Bewerbung auf eine Vorauswahl geeignet erscheinender Bewerber. Am Anfang der Analyse der Bewerbungen stehen meistens die Überprüfung der Bewerbungsunterlagen auf Vollständigkeit und Sorgfältigkeit. Ist beides gegeben, folgt der Abgleich mit dem Anforderungsprofil.

Eine Analyse sollte unter der Berücksichtigung folgender Gesichtspunkte stehen:

    I.   Sind die Unterlagen formal gestaltet?

   II.   Sind die Unterlagen vollständig?

  III.   Wie wirkt der stilistische Eindruck?

  IV.   Sind die inhaltlichen Angaben der Unterlagen korrekt?

Das Anschreiben

Das Anschreiben gibt Auskunft über den Briefstil und das Auftreten des Bewerbers. Die Berücksichtigung einiger Punkte kann das Auswahlverfahren erleichtern:

- gezielte Auseinandersetzung mit dem Unternehmen und der Arbeit
- persönliche Ausdrucksweise
- Motivation
- aktuelle Beschäftigung
- Bewerbungsgrund glaubhaft und nachvollziehbar
- möglicher Eintrittstermin
- ist erkennbar, dass der Bewerber sich Zeit und Mühe für die Bewerbung gab
- logischer und chronologischer Aufbau

Lebenslaufanalyse

Bei der Analyse eines Lebenslaufes werden die einzelnen Stationen der Ausbildung und des beruflichen Werdegangs untersucht.

Lange Ausbildungszeiten sollten plausibel erklären werden können. Fragen werfen auch häufige Arbeitsplatzwechsel auf. Allgemein wird dies als Unstetigkeit gewertet, wenn sich diese Tatsache durch Ihr gesamtes Arbeitsleben hindurch zieht. In jungen Jahren wirkt es sich sicherlich positiv aus, hat der Bewerber dadurch Erfahrungen gesammelt.

Wie bereits genannt, lassen sich mehrere Arbeitsstellen ggf. als eine Position im Lebenslauf darstellen. Eine andere Frage ist die nach der Arbeitslosigkeit im Anschluss an eine Berufstätigkeit. War die Stelle zeitlich befristet, gehört dieser Punkt in den Lebenslauf genauso hinein, wie die betriebsbedingte Kündigung, die zu Ihrer Arbeitslosigkeit führte. Sie wird dadurch erklärt und nicht so intensiv hinterfragt, als wenn diese Erklärung fehlt!

Analysiert wird weiterhin mit der beruflichen Entwicklung, ob diese zielgerichtet war und mit einem beruflichen Aufstieg verbunden gewesen ist. Lag einem Arbeitsplatzwechsel einer logischen persönlichen Weiterentwicklung zu Grunde oder wurde ziellos gewechselt? Gibt es für Berufswechsel plausible Erklärungen? Wenn ja, wie entwickelte sich der Bewerber in seinem neuen Beruf? Zeigt der Lebenslauf einen konsequenten Aufstieg, das Erreichen eines Niveaus oder ein ständiges Auf und Ab?

Checkliste Lebenslaufanalyse

Anhand der folgenden Checkliste können Sie einen Lebenslauf Schritt für Schritt analysieren und sich Notizen für ein eventuelles Vorstellungsgespräch machen.

Punkte, die Sie mit „ja" beantworten sprechen für den Kandidaten. Punkte, die Sie mit „nein" beantworten, eher gegen den Bewerber. In der Rubrik „klären" vermerken Sie, wo Sie noch nachhaken sollten.

	Prüfmerkmale	ja	nein	klären	Notizen
A	Inhalt:				
1	Vollständiger Name und Anschrift				
2	Geburtsdatum und -ort				
3	Familienstand				
4	Schulbildung und -abschluss				
5	Wehr- oder Ersatzdienst				
6	Berufsausbildung und -abschluss				
7	Studium und Studienabschluss				
8	Praktika				
9	Berufstätigkeit und Berufserfahrung				
10	Fortbildung und sonstige Kurse				
11	Hobbys/gesellschaftliches Engagement				
B	Form:				
1	Sauber				
2	Übersichtlich gegliedert				
3	Fehlerfrei				
4	Bewerbungsfoto				
5	Original				
6	Datum und Unterschrift				
C	Stimmigkeit:				
1	Die Angaben werden vollständig belegt				
2	Die Angaben stimmen mit den beigefügten Zeugnissen und Nachweisen				
D	Interpretation:				
1	Der Lebenslauf enthält keine auffälligen Lücken (drei Monate und mehr)				
2	Für Lücken im Lebenslauf liegt eine plausible Erklärung vor				

	Prüfmerkmale	ja	nein	klären	Notizen
3	Berufliche Auszeiten wurden genutzt, um berufliche Erfahrungen zu erhalten, zu vertiefen und auszu-				
4	Der Bewerber hat seine Ausbildung in einer angemessenen Zeit abgeschlossen				
5	Für eine lange Ausbildungsdauer und Ausbildungswechsel liegt eine plausible Begründung vor				
6	Für die angestrebte Position lassen sich Studienschwerpunkte erkennen				
7	Der Lebenslauf zeigt Praxisorientierung bereits während der Studien-				
8	Die berufliche Entwicklung verlief zielorientiert				
9	Für Berufs- und Branchenwechsel liegt eine plausible Erklärung vor				
10	Mit den vorhergehenden Stellenwechseln war kein beruflicher Ab-				
11	Für eine berufliche Verschlechterung liegt eine plausible Begrün-				
12	Die familiäre Situation des Bewerbers wird aller Voraussicht nach sein berufliches Engagement nicht beeinträchti-				
13	Angegebene Hobbys und Freizeitbeschäftigungen werden das berufliche Engagement des Bewerbers aller Voraussicht nach nicht beeinträchtigen				
14	Angegebene Hobbys und Freizeitbeschäftigungen des Bewerbers beeinflussen sein berufliches Engagement aller Voraussicht nach positiv (z. B.				
15	Die derzeitige/letzte Position wird anschaulich beschrieben				
16	Der Bewerber hat bereits einschlägige Erfahrungen (Branchenkenntnisse) gesammelt				
17	Der Bewerber verfügt über wertvolle Zusatzqualifikationen				

Das Lichtbild

Ein Lichtbild gibt lediglich Aufschluss über Art der Kleidung und damit die verbundene Kultur des Bewerbers. Bewertet wird auch der Blick. Wie wirkt die Person auf den Betrachter eher arrogant, abschätzend, aufrecht, stolz?

Schulzeugnisse und Arbeitszeugnisse

Schulzeugnisse besitzen keinen absoluten Aussagewert, da an diesem immer mehrere Personen bzw. Gruppen beteiligt sind. Ebenso können Niveauunterschiede der Schulen (unterschiedliche Bundesländer, Abitur, Realschulabschluss etc.) die Werte beeinflussen. Generell kann man aber bei mehreren guten Zensuren davon ausgehen, dass sich der Bewerber an Pflichten, dem Schulsystem und an die Ordnung hält.

Ein Arbeitszeugnis kann als einfaches oder qualifiziertes Zeugnis vorliegen.

Ein einfaches Zeugnis ist die gesetzlich vorgeschriebene Arbeitsbescheinigung und gibt Auskunft über Art, Dauer und Tätigkeit des Arbeitsverhältnisses.

Das qualifizierte Zeugnis gibt Auskunft über die Führung und Leistung und ist nicht gesetzlich vorgeschrieben. Es dient dazu, dem Arbeitnehmer die Suche nach einem neuen Arbeitsplatz zu erleichtern.

Der Personalfragebogen

Eine hohe Bedeutung für die Auswahl von Mitarbeitern hat das Bewerbungsgespräch. Für die Vorbereitung ist es nicht unüblich, Personalfragebögen an die Bewerber zu versenden. Die Auswertung gibt Informationen, die eine bessere Auswahl ermöglichen.

Darüber hinaus dient der Personalfragebogen auch nachfolgenden Zwecken:

1. Er liefert Informationen:
   - für die Personalabrechnung (persönliche Daten für die Lohn- bzw. Gehaltsabrechnung)
   - für die Personalabteilung zur Vorselektion (Ausbildung, berufliche Erfahrungen etc.)
   - für die Fachabteilung (Qualifikationen, berufliche Kenntnisse, Verantwortlichkeit)
2. Vorbereitung zur Auswahl
   Eine strukturierte Form erleichtert die Auswahl und ermöglicht dem Bewerber mit wenigen oder keinen Zeugnissen die Chance auf selbst erworbenen Qualifikationen hinzuweisen, welche nicht durch Unterlagen belegt werden können.
3. Vorbereitung und Durchführung des Interviews
   Eine standardisierte Form des Personalfragebogens gibt einen besseren Überblick und erleichtert die späteren Gespräche. So kann gezielt genauer nach weiteren Informationen gefragt werden.
4. Allgemeine Unterstützung des Bewerbungsmanagements
   Alle Mitarbeiter werden mit ihren Daten einheitlich erfasst. Es lassen sich Informationen im Vorfeld von

Gesprächen und Entscheidungen einholen. Das Unternehmen vermittelt damit eine geordnete Struktur gegenüber dem Bewerber. Die Unterlagen lassen sich über den Fragebogen zusammenfassen. Die im Auswahlverfahren zusammengetragenen Informationen und Absprachen können auf dem Fragebogen ebenfalls erfasst werden.

Das Bewerbungsgespräch

Vorbereitung

Nach einer umfassenden Vorauswahl der Bewerbungsunterlagen und telefonischen Anfragen werden Sie je nach Position im Durchschnitt noch 4 - 10 BewerberInnen persönlich kennenlernen wollen.

Bereits im Vorfeld sollte der Ablauf des Gesprächs geplant und eine angenehme, ungestörte Gesprächsatmosphäre geschaffen werden. Unterbrechungen von außen (Telefon etc.), welche das Gespräch stören, müssen vermieten werden. Störungen unterbrechen den Gedankenfluss beider Gesprächspartner und geben dem Bewerber viel Zeit, sich die Antworten so gut zu überlegen, dass sie möglicherweise nichts mit der Wirklichkeit gemein hat.

Für das Gespräch sollte man sich Zeit nehmen. Aus Erfahrung benötigt man je nach zu besetzender Stelle zwischen ½ bis 1 ½ Stunden. Kürzere Gespräche vermitteln nicht mehr als einen ersten Eindruck, der möglicherweise widersprüchlich und falsch sein kann.

Checkliste zur Gesprächsvorbereitung

Äußere Rahmenbedingungen

Aktivität	erledigt	Notizen
Termine festlegen		
Einladungen verschicken		
Ist der Termin bestätigt?		
Raum organisieren		
Sitzordnung planen		
Getränke organisieren		
Störungen vermeiden		

Inhaltliche Planung

Aktivität	erledigt	Notizen
Zeitplan erstellen		
Unterlagen prüfen		
Anforderungspro-tokoll konkretisie-ren		
Gesprächsform auswählen		
Gesprächsleitfaden erstellen		
Gesprächsanteile prüfen		
Info zum Unter-nehmen zusam-menstellen		
evtl. Handout vor-bereiten		

Formblatt Bewerbungsgespräch

Bewerber: Stelle: Gespräch am:

Bewertung	1	2	3	4	5	Anforderungsprofil +wichtig/ -weniger wichtig	Notizen
Äußere Erscheinung							
Auftreten/Benehmen							
Ausdruck							
Ausbildung							
Berufserfahrung							
Sprachen							
EDV-Kenntnisse							
Spezialkenntnisse							
Auffassungsgabe							
Intelligenz							
Kontaktfähigkeit							
Flexibilität							
Analytisch/Konzeptionell							
Zielstrebigkeit							
Motivation							
Stärken							
Schwächen							
Führungsqualität							
Persönlichkeit							
Soziale Kompetenz							
Organisationstalent							
Handlungskompetenz							
Entscheidungskompetenz							
Problemlösungskompetenz							
SUMME							
GESAMTEINDRUCK							

Was spricht für den Bewerber:
Was spricht gegen den Bewerber:
Gehaltsvorstellung:
Kündigungsfrist:
Weitere Vorgehensweise:

Phasen des Bewerbungsgesprächs

Das Vorstellungsgespräch strukturiert sich zweckmäßigerweise in

eine Aufwärmphase zu Beginn zum gegenseitigen Kennenlernen und zum Stressabbau einem Hauptteil, in dem die eigentlichen Fragen gestellt werden und einer **Schlussphase** für abschließende Informationen und die Verabschiedung.

Im Einzelnen kann ein Vorstellungsinterview wie folgt gestaltet werden:

Möglicher Gesprächsablauf	Umsetzung/Praxis
Kontakt zum Bewerber herstellen	Fragen zur Anreise, Kurzvorstellung des Unternehmens
Infos über Ausbildung + Berufsweg	Fragen zu Lebenslauf + Zeugnissen (vom Bewerber darzustellen)
Gründe für Bewerbung und ggf. den angestrebten Wechsel AG,	Fragen zum letzten zur letzten Tätigkeit
Infos über soziales Umfeld schäftigungen +	Fragen zur Freizeitbe- Familie

Infos über berufl. Ziele und Betriebliche Erwartungen dung, Erwartungen kunft	Fragen zur Weiterbil- an die berufliche Zu-
Infos über angebotene Stelle	Stellenbeschreibung er- läutern, Aufgabenfeld darstellen
Interessieren für das Unternehmen / die Stelle chen Vorzüge	Erläutern der betriebli-
Infos über vertragl. Erwartungen gen Gehalt, tes	Fragen nach derzeiti- Erläutern des Angebo-

Vereinbarung des Entscheidungstermins

Während des Gesprächs sollten Notizen gefertigt werden. Gedächtnisprotokolle sind schon unmittelbar nach dem Gespräch nicht mehr repräsentativ, ca. 60 % der erhaltenen Informationen gehen verloren. Hilfreich kann hierbei ein vorbereiteter Fragebogen auf der Grundlage des Anforderungsprofils als auch ein Beurteilungsbogen für die Einschätzung fachübergreifender Fähigkeiten sein.

Ein Vorstellungsgespräch, das man wirklich als Gespräch führt, in dem man sich ernsthaft mit dem Bewerber auseinandersetzt, wirkt als menschlich bindende Kraft. Der Bewerber fühlt sich ernst genommen und ist eher bereit, auch sehr persönliche Aspekte anzusprechen.

Vorteile des Bewerbungsgesprächs

I. Ein entscheidender Vorteil im Vergleich zu den schriftlichen Bewerbungsunterlagen ist, dass die Schwächen und Stärken des Bewerbers exakter aufgedeckt werden können. Die Anforderung an die Stelle kann somit differenzierter erfolgen.

II. Die Persönlichkeitsstruktur des Bewerbers, und damit eine mögliche Zusammenarbeit, kann im Verlauf des Gesprächs abgeglichen werden.

III. Ein weiterer Vorzug im Vergleich zur Auswertung der schriftlichen Bewerbung ist, dass neben dem Unternehmen auch der Bewerber Gelegenheit erhält, einen Eindruck über sein mögliches Arbeitsumfeld zu bekommen.

Nachteile des Bewerbungsgesprächs

Eine wesentliche Schwachstelle ist die emotionale, subjektive Beurteilung, welche durch den direkten Dialog entsteht. Da die Objektivität in den Hintergrund gestellt wird, können aus dieser möglicherweise Fehlentscheidungen getroffen werden.

Abschluss der Personalauswahl

Nach Abschluss der Bewerbungsgespräche und –entscheidung ist dies dem einzustellenden Bewerber mitzuteilen und den verbleibenden Bewerbern die Bewerbungsunterlagen mit einem Absageschreiben zurückzusenden.

Bewerbungsabsagen

Vorsicht hinsichtlich der Absagen aufgrund des Allgemeinen Gleichstellungsgesetzes (AGG)

Aufgrund den "Allgemeinen Gleichbehandlungsgesetz (AGG)", dass mehrere EU-Richtlinien umsetzt, sollten bei der Formulierung der Bewerbungsabsagen besondere Vorsicht zu Teil werden. Durch das AGG sollen Menschen vor Diskriminierungen wegen ihrer Rasse, ihrer ethnischer Herkunft, ihres Geschlechts, ihrer Religion, ihrer Weltanschauung, einer Behinderung, ihres Alter oder ihrer sexuellen Identität geschützt werden. Je nachdem, wie die Absage formuliert wird - auch wenn es nur nett gemeint ist – verstößt man sehr schnell gegen das Gesetz.

Auf das Nötigste beschränken

Teilen Sie dem Bewerber kurz Ihr Bedauern mit und Ihre Entscheidung für einen anderen Mitbewerber. Treffen Sie über die Gründe Ihrer Entscheidung keine Aussagen. Lassen Sie sich auch telefonisch nicht zu weiteren Auskünften über Ihre Gründe hinreißen.

Aussagen wie "Sie sind für unser Unternehmen leider zu alt/jung..." oder "Da diese Tätigkeit einen hohen körperlichen Einsatz erfordert, haben wir uns für einen männlichen Mitarbeiter entschieden..." können für Sie kostspielig werden. Ein so abgelehnter Bewerber kann wegen Diskriminierung Schadenersatz von Ihrem Unternehmen verlangen.

Mögliche Formulierungen finden Sie auf der folgenden Seite.

Sehr geehrte(r) Frau/Herr XY,

nach Durchsicht aller bei uns eingegangenen Unterlagen ist unsere Wahl auf eine Mitbewerberin gefallen, die dem Anforderungsprofil der ausgeschriebenen Position besonders gut entspricht. Trotz Ihres ebenfalls sehr interessanten Werdeganges können wir Ihre Bewerbung daher leider nicht berücksichtigen.

Für Ihre Zukunft und die weitere Suche nach einer neuen beruflichen Herausforderung wünschen wir Ihnen viel Erfolg.

Mit freundlichen Grüßen

Sehr geehrte(r) Frau/Herr XY,

wir haben leider keine gute Nachricht für Sie, denn wir können Ihnen keine Position bei .... anbieten.

Bei der Vielzahl der eingegangenen Bewerbungen fiel uns die Entscheidung wirklich nicht leicht. Bitte haben Sie Verständnis dafür, dass bei den vielen guten und qualifizierten Bewerbern oft nur Details entscheiden.

Wir bedauern, Ihnen keinen positiveren Bescheid geben zu können. Für Ihre berufliche Zukunft wünschen wir Ihnen alles Gute und viel Erfolg.

Mit freundlichen Grüßen

Sehr geehrte Frau ...,

wir danken Ihnen für die Übersendung Ihrer Bewerbungsunterlagen und das unserem Unternehmen entgegengebrachte Interesse.

Nach eingehender Prüfung der Unterlagen müssen wir Ihnen leider mitteilen, dass wir Ihre Bewerbung im Hinblick auf die zu besetzende Stelle nicht berücksichtigen können.

Für Ihre berufliche Zukunft wünschen wir Ihnen alles Gute und viel Erfolg.

Mit freundlichen Grüßen

Sonderformen der Personalauswahl

Assessment Center

Ein Assessment Center verfolgt das Ziel, die Reaktionen der Bewerber in verschieden Situationen zu testen. Verschiedene Beobachter bewerten das Verhalten des Einzelnen. Die Ergebnisse werden dann mit den Anforderungen des Unternehmens verglichen, denn es wird keineswegs immer derselbe Typ von Mitarbeiter gesucht.

Einsatzbereiche für das Assessment-Center sind:

- o Auswahl interner oder externer Bewerber
- o Potentialbeurteilung
- o Teamentwicklung
- o ...

Ziele all dieser Verfahren ist es, die Eignung eines Bewerbers für die zu besetzende Stelle zu erkennen.

```
┌─────────────────────────────────────────────────┐
│        Die Testverfahren eines Assessment-Centers  │
└─────────────────────────────────────────────────┘
```

Schriftliche Testverfahren

- o Die klassische Post-korbübung
- o Intelligenz-Tests
- o Leistungs-/Konzentrations-Tests
- o Persönlichkeitstests

Mündliche Testverfahren

- o Versch. Gruppendiskussionen
- o Vortrags- und Präsentationsübungen
- o Rollenspiele
- o Das Interview

Auswahl mittels graphologischen Gutachten

Im mehr Unternehmen bedienen sich bei der Auswahl geeigneter Bewerber eines graphologischen Gutachtens. Die Schrift wird von diesen „interpretiert".

Die Graphologie, auch unter dem Begriff Schriftpsychologie bekannt, beschäftigt sich mit der Analyse der Handschrift von Menschen. Hierzu muss eine „normale" Schriftprobe (also nicht verstellt) des Probanden vorliegen.

Aus Ganzheitsmerkmalen wie Rhythmus, Versteifungsgrad der Schrift etc. und vielen Einzelmerkmalen (Größe der Buchstaben, Schriftstärke, Schreibverlauf usw.) sowie der Unterschrift erstellt der Graphologe ein Charakterbild.

Die Graphologie ist keine Wissenschaft, sondern eine umstrittene Form der psychologischen Diagnostik und eine besondere Form des psychologischen Erfahrungswissens. Sie gilt daher als Parawissenschaft.

Ärztliche Untersuchung

Die ärztliche Untersuchung dient der Überprüfung, ob der Bewerber den psychischen und physischen Ansprüche der zu besetzenden Stelle gewachsen ist. Sie gilt als letzte Stufe im Auswahlverfahren.

Gesetzlich vorgeschrieben ist diese bei der Einstellung von Jugendlichen sowie spezieller Einsatzbereiche, wie u.a. im Umgang mit Lebensmitteln.

Aufgrund der ärztlichen Schweigepflicht ist lediglich eine Aussage möglich, ob der Bewerber tauglich oder untauglich ist.

Die Einstellung

Meldepflicht

Sobald ein Arbeitgeber eine Person einstellt, benötigt er unabhängig von der Höhe des Arbeitsentgeltes eine sogenannte Betriebsnummer. Unabhängig von der Beschäftigtenzahl wird nur eine Betriebsnummer je Unternehmen erteilt. Unter dieser Betriebsnummer sind alle Meldungen an die Krankenkasse (z. B. Anmeldung, Abmeldung, Meldung bei Unterbrechung der Beschäftigung, Jahresmeldung zum 31.12., Meldung geringfügig Beschäftigter, etc.) vorzunehmen.

Die Betriebsnummer kann in der Regel telefonisch bei dem bundesweiten Betriebsnummern Service der Bundesagentur für Arbeit in Saarbrücken angefordert werden.

Der Arbeitsvertrag

Der Arbeitsvertrag unterliegt keinen speziellen Formvorschriften. Deshalb ist auch ein mündlich abgeschlossener Arbeitsvertrag wirksam. In einem solchen Fall muss der Arbeitgeber spätestens einen Monat nach Beginn d

es Arbeitsvertrages dem Arbeitnehmer eine Niederschrift über die wesentlichen Vertragsbedingungen aushändigen.

Die Befristung eines Arbeitsvertrages bedarf allerdings der Schriftform.

Den Inhalt des Arbeitsvertrages können die Vertragspartner grundsätzlich frei gestalten. Sie haben jedoch die gesetzliche Mindestvorgaben (z. B. Urlaubsanspruch, Entgeltfortzahlung an Feiertagen und im Krankheitsfall, maximale Arbeitszeit), sowie die Regelungen eines anwendbaren Tarifvertrages oder einer Betriebsvereinbarung zu beachten.

Von Regelungen des Tarifvertrages kann nur abgewichen werden, wenn dies durch den Tarifvertrag gestattet ist oder eine Änderung zugunsten des Arbeitnehmers vorgenommen werden soll. Ist

ein Tarifvertrag für allgemeinverbindlich erklärt worden, gilt er unabhängig von der Tarifbindung der Arbeitsvertragsparteien auch in Kleinstbetrieben.

Bei Vertragsabschluss muss Ihr Arbeitnehmer folgende Arbeitspapiere vorlegen:

o   die Lohnsteuerkarte
o   steuerliche Identifikationsnummer und Geburtsdatum
o   den Sozialversicherungsausweis
o   ggf. die Unterlagen für vermögenswirksame Leistungen
o   ggf. die Bescheinigung über den im laufenden Jahr gewährten oder abgegoltenen Urlaub

Abführung der Abgaben

Ein Arbeitgeber hat treuhänderisch für den Arbeitnehmer verschiedene Abgaben an die zuständigen Stellen abzuführen. Kommt er dieser Verpflichtung nicht nach, kann ihm die Gewerbetätigkeit ganz oder teilweise untersagt werden.

Bei Nichtzahlung der Beiträge zu den Sozialversicherungen und der Lohnsteuer haftet der Arbeitgeber, gegebenenfalls auch der Geschäftsführer einer GmbH persönlich. Darüber hinaus drohen bei verspäteter Abführung der jeweiligen Abgaben strafrechtliche Konsequenzen.

Einführung und Einsatz neuer Mitarbeiter

Mit dem Wechsel des Arbeitsplatzes ist eine existentiell wichtige Entscheidung getroffen worden und es wird versucht, die damit entstehende Unsicherheit zu vermindern. Der Start in einem neuen Arbeitsumfeld bedeutet für eine neue Mitarbeiterin bzw. einen neuen Mitarbeiter ein hohes Maß an Konfrontation mit häufig völlig neuen Gegebenheiten wie z.B.: neue Vorgesetzte, neue Kolleginnen und Kollegen, neue Aufgaben, neue Verhaltensweisen und "Spielregeln" im Umgang miteinander. Gleichzeitig bedeutet es aber auch Trennung von "alten" Gewohnheiten und vertrauter Umgebung.

In dieser Phase des "Sich-trennen von Vertrautem" und "Sich-zurechtfinden in einem fremden Arbeitsumfeld" hat die neue Mitarbeiterin bzw. der neue Mitarbeiter ein starkes Bedürfnis nach Orientierung und entsprechender Unterstützung. Diese Situation der Unsicherheit kann in körperlicher, psychischer, sozialer und emotionaler Hinsicht belastend wirken und zahlreiche Konflikte nach sich ziehen.

Den direkten Vorgesetzten kommt an dieser Stelle eine Schlüsselrolle zu: Sie müssen die Problematik der Anfangssituation kennen, denn nur so können sie durch sorgfältige Planung des Eintritts in die Dienststelle sowie durch ihr persönliches Verhalten die Strukturierungserwartungen der Beteiligten erfüllen. Sie sind dafür verantwortlich, der neuen Mitarbeiterin bzw. dem neuen Mitarbeiter ein hohes Maß an Orientierung zur Verfügung zu stellen und Desorientierung zu reduzieren. Die Art und Weise der Einführung und Einarbeitung beeinflusst die Einstellung zur Arbeit, zu den Vorgesetzten und Kolleginnen bzw. Kollegen sowie die Einsatz- und Leistungsbereitschaft.

Wenn mit Hinweis auf die Kosten auf eine gezielte Einführung neuer, d.h. auch in der Verwaltung wechselnder Mitarbeiterinnen und Mitarbeiter verzichtet wird, so wird in Kauf genommen, dass viele dieser Mitarbeiterinnen und Mitarbeiter monate-, oft jahrelang neben-herlaufen und ihre Arbeitskraft nicht voll erbringen können.

Ziele des Einarbeitungsprozesses

Das wichtigste Ziel des Einarbeitungsprozesses ist die Entwicklung leistungsfähiger, engagierter, integrierter und sich mit der Dienststelle identifizierender Mitarbeiterinnen bzw. Mitarbeiter. Die systematische Einführung und Einarbeitung

- vermeidet frühzeitig Fluktuation oder gar innere Kündigung,
- verringert Fehlzeiten,
- erhöht die Leistungsbereitschaft und -fähigkeit,
- trägt zum Abbau von Unsicherheiten bei,
- fördert die Integration in die Arbeitsgruppe und
- erhält bzw. erhöht die Arbeitszufriedenheit.

Phasen der Einarbeitung

Bei der Einführung neuer Mitarbeiterinnen und Mitarbeiter geht es hauptsächlich um zwei Aspekte: die soziale Eingliederung und die fachliche Einarbeitung in die Arbeitsaufgabe.

Dabei spielen folgende Faktoren eine entscheidende Rolle:

Soziale Eingliederung:

Fachliche Eingliederung:

Identifikation mit der "Kultur"

Arbeitsmethoden/Techniken

Inhalte/Methodik der Einführung	Fachwissen/Zusammenhänge
	des zukünftigen Arbeitsgebietes
Paten-System	"Training on the job"
Kontaktgespräche	Abteilung/Bereich
Einführungsseminare	Funktionalität

Da der Erfolg der Einarbeitung letztlich davon abhängt, wann und mit welcher Ernsthaftigkeit wirkungsvolle Maßnahmen einsetzten müssen, werden zunächst die einzelnen Phasen dargestellt, die hierbei eine entscheidende Rolle spielen.

Phasen der Einarbeitung neuer Mitarbeiterinnen und Mitarbeiter

Viele Punkte, die zur systematischen Einführung neuer Mitarbeiterinnen und Mitarbeiter gehören, sind im Prinzip bekannt. Sie wiederholen sich in der Praxis häufig. Allerdings gehen diese Anforderungen im Tagesgeschäft oft unter, d.h. sie werden vielfach nur intuitiv und unvollständig berücksichtigt. Deshalb sind im Folgenden selbsterklärende Checklisten mit wichtigen Merkposten für die Verantwortlichen entwickelt worden, die die Planung und Steuerung des Prozesses erleichtern helfen. Sie können daraus zukünftig im Einzelfall diejenigen Punkte herausgreifen, vertiefen und ergänzen, die Sie in der speziellen Situation der neuen Mitarbeiterin bzw. des neuen Mitarbeiters für angemessen und sinnvoll halten.

Personalfreisetzung/Personalabbau

Von Personalfreisetzung spricht man, wenn im Unternehmen die Arbeit reduziert wird. Man unterscheidet die quantitative und qualitative Personalfreisetzung. Bei der quantitativen Personalfreisetzung wird die Anzahl der Mitarbeiter tatsächlich verringern, sodass Personal ausscheidet. Hierfür werden beispielsweise die Fluktuation ausgenutzt, Ruhestandsvereinbarungen getroffen, Aufhebungsverträge abgeschlossen und Kündigungen ausgesprochen. Bei der qualitativen Personalfreisetzung bleibt der Personalbestand gleich, aber die Arbeit insgesamt wird reduziert. Sie wird beispielsweise durch die Einführung von Kurzarbeit, der Abschluss von Teilzeitarbeitsverträgen, der Abbau von Mehrarbeit oder die Verlegung von Urlaub erreicht. Die Personalfreisetzung ist gewöhnlich die Folge von betrieblichen Veränderungen, beispielsweise durch Rationalisierungsmaßnahmen oder Automatisierungsprozesse.

Personalabbau durch Kündigung

Eine Kündigung ist im rechtlichen Sinne eine einseitige, empfangsbedürftige Willenserklärung. Das bedeutet, dass jeder Vertragspartner unabhängig vom anderen Vertragspartner die Kündigung aussprechen kann und dass die Kündigung diesem zugegangen sein muss, damit sie rechtskräftig wird.

Ein wesentliches Merkmal einer Kündigung ist, dass diese nach §623 BGB schriftlich erfolgen muss. Unwirksam wird diese, wenn sie Bedingungen enthält oder verbotswidrig ist.

Insofern das Unternehmen ein Betriebsrat hat, muss der Arbeitgeber bei einer Kündigung die Mitbestimmung des Betriebsrates berücksichtigen. Ein Betriebsrat kann, wenn er mit der Entscheidung des Arbeitgebers nicht einverstanden ist, unter bestimmten Voraussetzungen der Kündigung widersprechen.

Man unterscheidet zwischen einer ordentlichen und außerordentlichen Kündigung. Neben der ordentlichen und der außerordentlichen Kündigung gibt es auch noch die **Änderungskündigung**. Diese stellt eine Nebenform der Kündigungsarten dar. Mit dieser Änderungskündigung wird das Arbeitsverhältnis letztlich nicht beendet, sondern zu geänderten vertraglichen Bedingungen fortgesetzt, sofern der Arbeitnehmer sich damit einverstanden erklärt.

Ordentliche Kündigung

Von einer ordentlichen Kündigung wird gesprochen, wenn alle Kündigungsbedingungen eingehalten werden. Allgemein spricht man auch von der „fristgerechten Kündigung", weil die Kündigungsfrist eingehalten wird. Eine ordentliche Kündigung beendet in der Regel einen auf unbestimmte Zeit geschlossenen Arbeitsvertrag.

Außerordentliche Kündigung

Bei der außerordentlichen Kündigung spricht man auch allgemein von der fristlosen Kündigung. Diese kann nur wegen eines wichtigen Grundes und innerhalb von zwei Wochen nach Kenntnis des Grundes ausgesprochen werden. Nach Ablauf dieser zweiwöchigen Frist ist eine außerordentliche Kündigung nicht mehr möglich.

Kündigungsbedingungen

Zu den Kündigungsbedingungen zählt man die Kündigungsfristen und -termine.

Sie sind gesetzlich geregelt und sofern nichts anderes gilt, belaufen sich die Kündigungsfristen auf vier Wochen, wobei diese von der Beschäftigungsdauer (mindestens zwei Jahre) des Mitarbeiters abhängig sind. Kündigungstermine sind jeweils der 15. Oder das Ende eines Kalendermonats. Während einer Probezeit kann ein Arbeitsverhältnis mit Einhaltung einer Kündigungsfrist von zwei Wochen zum jeweiligen Wochenende gekündigt werden.

Kündigungsverbote

Ein Arbeitnehmer kann ein Arbeitsverhältnis jederzeit kündigen. Für den Arbeitgeber hingegen gelten eine ganze Reihe von Kündigungsverboten:

- Die arbeitgeberseitige Kündigung einer Schwangeren oder einer jungen Mutter bis zum Ablauf von vier Monaten nach der Entbindung ist grundsätzlich verboten und daher unwirksam (§ 9 Mutterschutzgesetz).
- das Arbeitsverhältnis eines Arbeitnehmers kann während der Elternzeit ebenfalls nicht gekündigt werden. Ab dem Zeitpunkt, von dem an die Elternzeit verlangt wird, höchstens jedoch 8 Wochen vor Beginn der Elternzeit, und während der Elternzeit ist die
Kündigung verboten
(§18 Bundeserziehungsgeldgesetz).
- die Kündigung des Arbeitsverhältnisses eines schwerbehinderten Menschen durch den Arbeitgeber bedarf der vorherigen Zustimmung des Integrationsamtes (§85 Sozialgesetzbuch (SGB) Neuntes Buch (IX) - Rehabilitation und Teilhabe behinderter Menschen -.
- Einem Auszubildenden darf nach der Probezeit nicht mehr ordentlich gekündigt werden (§ 15 Berufsbildungsgesetz).
- Unzulässig ist die Kündigung betriebsverfassungsrechtlicher und personalvertretungsrechtlicher Mandatsträger (z.B. Betriebs- und Personalräte). Das Kündigungsverbot gilt auch noch innerhalb eines Jahres nach dem Ende der Amtszeit des gesamten Betriebsrats oder des einzelnen Mitglieds (§15 Kündigungsschutzgesetz).

- Unzulässig ist die Kündigung wegen Betriebsübergangs.

Auch eine verbotene und damit unwirksame Kündigung wird allerdings wie eine wirksame Kündigung behandelt, wenn der Arbeitnehmer den Verstoß gegen das Kündigungsverbot nicht vor dem Arbeitsgericht geltend macht.

Kündigungsfristen

Bei der Kündigung durch den Arbeitnehmer tritt auch mit längerer Betriebszugehörigkeit keine Verlängerung der Kündigungsfristen ein, wenn dies nicht anders vertraglich vereinbart wurde, was jedoch oft der Fall ist. Jedoch gibt es bei der Kündigung durch den Arbeitgeber verlängerte gesetzliche Kündigungsfristen, aufgrund der Länge der Betriebszugehörigkeit (§622 BGB). Diese sind wie folgt gestaffelt:

2 Jahre Betriebszugehörigkeit: ein Monat

5 Jahre Betriebszugehörigkeit: zwei Monate

8 Jahre Betriebszugehörigkeit: drei Monate

10 Jahre Betriebszugehörigkeit: vier Monate

12 Jahre Betriebszugehörigkeit: fünf Monate

15 Jahre Betriebszughörigkeit: sechs Monate

20 Jahre Betriebszugehörigkeit: sieben Monate

Diese Kündigungsfristen gelten jeweils zum Ende eines Monats. Dabei zählten bisher lediglich die Zeiten der Betriebszugehörigkeit nach dem vollendeten 25. Lebensjahr. War der Arbeitnehmer bereits vor dieser Zeit im Betrieb beschäftigt, dann wurden diese Jahre der Betriebszugehörigkeit bei den gesetzlichen Kündigungsfristen nicht berücksichtigt. Laut einem Urteil des Europäischen Gerichtshofes, kurz EuGH, ist dies als Diskriminierung der jüngeren Arbeitnehmer anzusehen. Aus diesem Grund wurden die deutschen Gerichte mit Urteil vom 19. Januar 2010 des EuGH dazu angehalten, auch die Betriebszugehörigkeitsjahre vor dem vollendeten 25. Lebensjahr bei Berechnung der Kündigungsfristen zu berücksichtigen, anders als es im §622 des BGB aufgeführt ist. Die Handhabung des Urteils des EuGH ist von Gericht zu Gericht verschieden. So dass es keine allgemeingültige Aussage hierzu gibt.

Muster für eine Kündigung

Arbeitgeber
Personalabteilung / Ansprechpartner
Anschrift
PLZ Ort

Ort, Datum

Vorname Nachname
Anschrift
PLZ Ort

Kündigung des am xx.xx.xx geschlossenen Arbeitsverhältnisses

Sehr geehrte (r)
hiermit kündigen wir Ihnen das o.g. Arbeitsverhältnis unter Berücksichtigung der vertraglich vereinbarten Frist zum xx.xx.xx.
Die Kündigung ist aus betriebsbedingten Gründen notwendig. Starke Auftragsrückgänge in den vergangenen Monaten haben zu einem verringerten Mitarbeiterbedarf geführt. Da wir keine Möglichkeit sehen, Sie an einem anderen, Ihrer Position entsprechenden Arbeitsplatz zu beschäftigen, sehen wir uns leider in der Situation, die Kündigung aussprechen zu müssen.
Vor Ausspruch der Kündigung wurde der Betriebsrat ordnungsgemäß von unserer Entscheidung unterrichtet und hat dieser zugestimmt. Die Stellungnahme des Betriebsrates erhalten Sie mit diesem Schreiben.
Wir bedauern diese Entscheidung sehr, bedanken uns für Ihre Mitarbeit und wünschen Ihnen auf Ihrem weiteren Weg und für Ihre berufliche Zukunft alles Gute.

Mit freundlichen Grüßen

Die Abmahnung als Kündigungsvoraussetzung

Bei Anwendung des Kündigungsschutzgesetzes ist in den meisten Fällen vor einer verhaltensbedingten Kündigung des Arbeitnehmers mindestens eine Abmahnung durch den Arbeitgeber erforderlich. Selbst die Wiederholung einer bereits abgemahnten Pflichtverletzung reicht häufig nicht um eine Kündigung auszusprechen.

Voraussetzung

Die Voraussetzung für wirksame Abmahnungen ist, dass das gerügte Verhalten oder die Leistungsmängel eindeutig und bestimmt missbilligt werden. Man spricht hier vom Warnzweck.

Unabdingbar ist weiterhin der Hinweis, dass im Wiederholungsfall der Inhalt oder Bestand des Arbeitsverhältnisses gefährdet ist. Dies hat eine Androhungsfunktion. Zwingend ist die Androhung bestimmter kündigungsrechtlicher Maßnahmen, wenn die Abmahnung der Vorbereitung einer Kündigung dient.

Beweismittel

Das beanstandete Verhalten ist so genau wie möglich zu bezeichnen, zwingend dabei ist die Angabe der Zeit und wenn notwendig die Ortsangabe. Zu empfehlen ist auch das Benennen von Beweismitteln, wie Urkunden oder Zeugen.

Schriftform

Abmahnungen können auch mündlich ausgesprochen werden, dennoch ist allein schon aus Beweisgründen die Schriftform ratsam. Nur mit einer schriftlichen Abmahnung lässt sich bei einer späteren gerichtlichen Auseinandersetzung die Einhaltung der Bestimmungsanforderungen sicher nachweisen. Wird eine Abmahnung unmittelbar nach einem festgestellten Verstoß gegen die vertraglichen Pflichten in mündlicher Form ausgesprochen, sollte man dies in jedem Fall in Gegenwart von verlässlichen Zeugen, oder besser noch, mit einer nachgeschobenen schriftlichen Abmahnung tun.

Aushändigungsnachweis

Der Abmahnende muss im Streitfall nachweisen, dass der Abgemahnte von der Abmahnung auch Kenntnis erlangt hat. Bei schriftlicher Abmahnung empfiehlt sich daher entweder die Aushändigung über einen Boten, der auch Kenntnis über den Inhalt haben muss, oder vor Zeugen.

Rechtsstellung

Enthält die Abmahnung unrichtige Angaben, die den Arbeitnehmer in seiner Rechtsstellung oder in seinem Beruflichen Wertegang beeinträchtigen können, steht ihm ein gerichtlich durchsetzbarer Anspruch auf Rücknahme der Abmahnung sowie auf Beseitigung aus der Personalakte zu. Die Beteiligung des Betriebsrates im Rahmen des Abmahnverfahrens ist nicht vorgeschrieben.

Gründe für Abmahnungen können sein:

- Arbeitsverweigerung
- Alkohol in der Arbeitszeit/am Arbeitsplatz
- Erhebliche Anzahl von Arbeitsfehlern
- Nichteinhalten von zugewiesenen Aufgaben
- Störung des Betriebsfriedens
- Ungenügende Leistung
- Unfreundlichkeit gegenüber Kunden des Unternehmens
- Unzulässige politische Betätigungen im Unternehmen

Eine rechtswirksame Abmahnung enthält drei Merkmale:

(1) Tatbestands- oder Dokumentationsfunktion
(2) Rüge- und Hinweisfunktion
(3) Androhungs- und Warnfunktion

Bei der Formulierung einer Abmahnung ist darauf zu achten, dass das Fehlverhalten genau bezeichnet und spezifiziert ist. Das Verhalten darf nicht gebilligt werden. Der Hinweis, dass im Wiederholungsfall das Arbeitsverhältnis gefährdet ist, darf nicht fehlen.
Die Abmahnung ist zu den Personalakten zu legen.

Muster für eine Abmahnung:

(Firmenbriefkopf)

(Anschrift des Empfängers)

Abmahnung

Sehr geehrte Frau .... / Sehr geehrter Herr ....,

Ihr Verhalten veranlasst uns, sie auf die ordnungsgemäße Erfüllung Ihrer arbeitsvertraglichen Verpflichtungen hinzuweisen. Wir müssen Sie leider wegen des folgenden Vorfalls abmahnen:
(Konkrete Darstellung des Sachverhalts mit genauer Bezeichnung des Datums, der Uhrzeit und des Ortes)
Wir fordern Sie daher hiermit auf, sich zukünftig vertragsgemäß zu verhalten und weisen Sie daraufhin, dass wir ein derartiges Verhalten in Zukunft nicht mehr dulden werden. Sollte sich eine derartige oder gleichartige Pflichtverletzung wiederholen, müssen Sie mit weiteren arbeitsrechtlichen Konsequenzen rechnen,
bis hin zu einer Kündigung des Arbeitsverhältnisses

Eine Ausfertigung dieser Abmahnung werden wir Ihrer Personalakte beifügen.

Mit freundlichen Grüßen
(Unterschrift Arbeitgeber)
(Ort, Datum)

Die Abmahnung ist mir am .... ausgehändigt worden. Ich habe den Inhalt zur Kenntnis genommen.

(Ort,

Datum)

(Unterschrift Arbeitnehmer)

Die Ausgleichsquittung

Die Ausgleichsquittung hat zum Ziel, bei Beendigung des Arbeitsverhältnisses für Klarheiten zu sorgen und das Rechtsverhältnis endgültig abzuwickeln. Sinnvollerweise regelt man die Bestätigung des Empfangs der Arbeitspapiere und eventuelle Restzahlungen sowie die Klärung, dass keine weiteren Ansprüche gegen den Arbeitgeber erhoben werden, in einer Quittungsform.

Empfangsbestätigung

Hat der Arbeitnehmer geglaubt, er unterzeichnet lediglich eine einfache Empfangsquittung, oder hat er sich über andere Umstände geirrt, kann er die Ausgleichsquittung nach §119 BGB anfechten. Dies ist auch im Falle einer arglistigen bzw. nach widerrechtlicher Täuschung oder nach widerrechtlicher Drohung durch den Arbeitgeber nach §123 BGB möglich. Insbesondere ist es dann der Fall, wenn der Arbeitgeber für den Fall der Nichtunterzeichnung mit der Nichtherausgabe der Arbeitspapiere oder der restlichen Lohnansprüche droht. Ist die Ausgleichsquittung wirksam angefochten, ist sie nach §142 BGB von Anfang an nichtig. Bei ausländischen Arbeitnehmern empfiehlt es sich neben einer Übersetzung vor Zeugen die Aushändigung einer schriftlichen Übersetzung.

Keine Unterzeichnungspflicht

Der Arbeitnehmer ist nicht verpflichtet, die Ausgleichsquittung zu unterzeichnen. Lediglich die Höhe des empfangenen Gehalts oder Lohns hat er nach §368 BGB zu bestätigen. Dennoch ist es keineswegs unzulässig, dem Arbeitnehmer eine Ausgleichsquittung vorzulegen. Damit diese aber im

vollen Umfang Wirkung zeigen kann, muss sie in allen auf-
gezeigten Punkten eindeutig sein.

Die Änderungskündigung

Eine Änderungskündigung hat die Änderung der Arbeitsbedingungen durch den Arbeitgeber als Ziel. Dieser hat in
der Praxis unter bestimmten Umständen das Bedürfnis, die
vertraglich vereinbarten Arbeitsbedingungen einseitig ab-
zuändern. Diese Form der Kündigung unterliegt dem
Schutz des Kündigungsschutzgesetzes (§ 2 KSchG).

Es handelt sich hierbei um zwei miteinander verbundene
Willenserklärungen, zum einen die Kündigung und zum anderen das Angebot, das Arbeitsverhältnis zu den abgeänder-
ten Bedingungen fortzusetzen.

Der Arbeitnehmer, der eine Änderungskündigung erhält,
kann entweder das Änderungsangebot vorbehaltlos oder
unter Vorbehalt der sozialen Rechtfertigung annehmen oder
das Angebot insgesamt ablehnen. Bei einer Ablehnung
bleibt es dann bei der ausgesprochenen Kündigung.

Sofern das Arbeitsverhältnis unter das Kündigungsschutzgesetz (KSchG) fällt und der Arbeitnehmer Kündigungs-
schutz genießt, braucht der Arbeitgeber einen sachlichen
Grund für die ordentliche Kündigung. Die Kündigung kann
dann nur aus betriebsbedingten Gründen, verhaltensbedingten Gründen oder Gründen, die in der Person des Arbeitnehmers liegen, ausgesprochen werden. Ob solche
Gründe vorliegen, kann der Arbeitnehmer dann im Wege einer Kündigungsschutzklage gerichtlich überprüfen lassen.
Die Klageschrift muss dann innerhalb einer Frist von drei
Wochen nach Zugang der Kündigung beim Arbeitsgericht
eingehen.

Nimmt der Arbeitnehmer das Änderungsangebot unter Vorbehalt an, muss er dies innerhalb der Kündigungsfrist, spätestens innerhalb einer Frist von drei Wochen nach Zugang der Änderungskündigung gegenüber dem Arbeitgeber erklären. Innerhalb der Drei-Wochen-Frist muss dann außerdem die Klageschrift beim zuständigen Arbeitsgericht eingehen.

Das Austrittsinterview

Die Unternehmen müssen die Top-Talente von sich überzeugen. Eine interessante Aufgabe allein ist als Lockmittel schon lange nicht mehr ausreichend. Schlagworte wie Talentmanagement, Karriereplanung und Unternehmenskultur stehen im Fokus. Vor diesem Hintergrund gilt es, das Unternehmensimage am Bewerbermarkt bestmöglich zu stärken und gleichzeitig gute Mitarbeiter langfristig an sich zu binden. Ein Mittel dazu ist - so paradox dies klingt - das Austrittsinterview.

Genau von den Mitarbeitern, die das Unternehmen verlassen, kann man viel über die eigene Organisation, gelebte Unternehmenskultur und Führungsqualität erfahren. Ein Mitarbeiter, der kündigt, zeigt sich häufig viel offener und gibt seine tatsächliche Meinung über das Unternehmen preis. Zurückhaltung aufgrund befürchteter Repressalien gibt es in Austrittsinterviews deshalb selten. Der Mitarbeiter, der bereits eine neue Perspektive für sich verfolgt, geht eher positiv in das Gespräch. Sei es, dass er noch einmal zum Ausdruck bringen will, dass seine Kündigung keine Entscheidung gegen das Unternehmen darstellt, oder dass er - nach dem Motto «Mir kann ja nichts mehr passieren» - die Chance nutzen will, seinen Unmut zu äußern. Dies stellt einen wesentlichen Vorteil zu internen Mitarbeiterumfragen dar. Denn selbst wenn die Anonymität in der Mitarbeiterbefragung gewährleistet wird, zeigt die Erfahrung, dass die Antworten zwar offen, aber tendenziell an die herrschende Meinung der eigenen Abteilung angepasst werden.

Offene Antworten im Austrittsgespräch Mitarbeiter erhalten

Das Austrittsinterview bietet die Gelegenheit, über die Erfahrungen, die der Mitarbeiter im Unternehmen gesammelt hat, offen zu sprechen. Das Ziel bei ist es, die Informationen herauszufiltern, die für das Unternehmen im Rahmen eines kontinuierlichen Verbesserungsprozesses interessant und hilfreich sind. In der Praxis beginnt dieser Prozess mit der Kündigung des Mitarbeiters. Bei Otto ist man dazu übergegangen, dass jede freiwillige Kündigung automatisch ein Austrittsinterview auslöst, das der Personalbereich mit dem Mitarbeiter führt. In diesem Interview geht es darum, die Gründe für den Austritt zu erfahren.

Um die sehr individuellen Beweggründe analysieren zu können, ist eine systematische Erfassung der Austrittsgründe sinnvoll. Dafür kann ein Unternehmen ein Fragebogen entwickeln, den der Mitarbeiter als Vorbereitung auf das Austrittsinterview erhält. Dabei werden sechs Kategorien, welche die Wechselmotivation erfahrungsgemäß beeinflussen, abgefragt:

Führungskraft.
Aufgaben in der Position.
Karriere-/Entwicklungsmöglichkeiten.
Finanzielle Rahmenbedingungen.
Äußere Arbeitsbedingungen.
Sonstige Austrittsgründe.

Unter Einbezug einer intern entwickelten Datenbank wurde ein Multiple-Choice-Verfahren erstellt, das ein schnelles Ankreuzen der Antworten ermöglicht. Damit erreicht man eine

Rückmeldequote von annähernd 100 Prozent. Die Antworten werden im Anschluss digital erfasst und ausgewertet. Mithilfe dieser schematischen Erfassung kann jederzeit festgestellt werden, ob sich identische Austrittsgründe häufen. Diese Auswertungen können über alle Unternehmensebenen hinweg erzeugt werden. Die Ergebnisse werden anschließend mit den betroffenen Fachbereichen diskutiert und entsprechende Maßnahmen abgeleitet. Häufen sich beispielsweise in einem Unternehmensbereich Kündigungen aufgrund monetärer Unzufriedenheit, wird dieser subjektive Eindruck der ausscheidenden Mitarbeiter durch eine Gehaltsanalyse verifiziert.

Persönliche Probleme beim Austrittsgespräch Mitarbeiter ansprechen

Liegen die Gründe eher im zwischenmenschlichen Bereich, wie zum Beispiel bei den Themen «Führung» oder «Karriere», ist die Führungskraft sehr viel persönlicher betroffen. Somit ist auch die detaillierte Problemanalyse und -lösung entsprechend bedeutend. Hier kann zum einen ein Führungs-Feedback durch die Mitarbeiter Transparenz schaffen, und zum anderen können durch einen intensiven Austausch mit der betroffenen oder der nächsthöheren Führungskraft geeignete Maßnahmen vereinbart werden.

Innerhalb des Austrittsinterviews sollten ausschließlich Themen hinterfragt werden, bei denen das Unternehmen ernsthaft bereit ist, entsprechende Maßnahmen einzuleiten. Denn die befragten Mitarbeiter unterhalten sich mit ihren Kollegen über die im Austrittsinterview angesprochenen Themen.

Damit können Erwartungen gegenüber dem Unternehmen entstehen, auf die der Arbeitgeber sichtbar reagieren muss.

Die Informationen aus dem Austrittsinterview fließen in einen dynamischen Prozess ein, der die Mitarbeiterbindung verbessert.

Beitrag zum positiven Image dank dem Austrittsgespräch

Wenn sich ein Unternehmen aktiv mit den Austrittsgründen des Mitarbeiters auseinandersetzt, signalisiert es diesem das ehrliche Interesse an seiner persönlichen Situation. Damit wird ein wichtiger Beitrag für ein positives Unternehmensimage erbracht, denn auch ehemalige Mitarbeiter sind Botschafter des Unternehmens. Das gilt insbesondere in Zeiten von WEB 2.0. In zahlreichen Foren, welche sich zunehmender Beliebtheit erfreuen, können anonymisiert Informationen verbreitet werden. Neben nicht themenspezifischen Foren existieren auch Foren, auf denen Mitarbeiter ihr ehemaliges Unternehmen bewerten - so zum Beispiel auf den Webseiten www.Kununu.com oder www.jobvoting.de. Hier können potenzielle Mitarbeiter ihren künftigen Arbeitgeber vorab einem Online-Check unterziehen.

Für Unternehmen wird es zunehmend wichtiger, dass die Nutzer solcher Foren sie positiv bewerten. Daher bietet das Austrittsinterview in allen Situationen eine gute Möglichkeit, die Trennung zwischen Mitarbeiter und Unternehmen positiv zu gestalten. Hier haben die Mitarbeiter die Möglichkeit, sich noch einmal vollkommen frei zu äußern, insbesondere auch dann, wenn die Trennung emotional behaftet ist.

Mögliche Enttäuschungen oder empfundene Verletzungen finden plötzlich ein Ventil und vor allem eine Person, die zuhört. Meist enden diese Gespräche für den Mitarbeiter viel versöhnlicher als er es anfangs für möglich gehalten hätte. Dass im Internet negative Informationen über das Unternehmen auftauchen, wird damit unwahrscheinlicher.

Kontakte weiter halten

Neben der Möglichkeit, die Mitarbeiterbindung zu erhöhen und das Unternehmensimage zu verbessern, sollte ein Unternehmen mit dem Austrittsinterview noch ein weiteres Ziel verfolgen. Berater der Personalabteilung besprechen mit den Mitarbeitern, deren Kündigung für das Unternehmen bedauerlich ist, wie der Kontakt weiterbestehen kann. Damit wird innerhalb des Interviews ein neues Band geknüpft, was eine spätere Rückkehr des Mitarbeiters positiv beeinflusst. Die in der Zwischenzeit neu erworbenen Kenntnisse kann der Mitarbeiter dann in die Unternehmens-Organisation einbringen. Ist auf beiden Seiten Interesse vorhanden, wird eine weitere Kontaktpflege über den Arbeitsbereich Recruiting vereinbart.

Es hat sich aus Erfahrungen herausgestellt, dass der Austritt eines Mitarbeiters sogar der Beginn einer vollkommen neuen Arbeitsbeziehung sein kann. So ist es möglich, das Arbeitgeberimage über die Austrittsinterviews zu stärken.

(Quelle: Personalmagazin Mai 2008)

Grundlagen der Entlohnung

In der Bundesrepublik Deutschland ist die Problematik der Personalkosten aktueller denn je. In Unternehmen ist dies praktisch der größte Teil der Gesamtkosten. Eine effiziente Gestaltung des Vergütungssystems ist von entscheidender Bedeutung.

Der Fixkostenabbau scheint hier ein Weg zu sein. Zusätzlich kommt es durch den täglich intensiver werdenden Wettbewerb zu Veränderungen in der Arbeitswelt im Sinne von Flexibilisierung und einer stärkeren Leistungsorientierung. Dies führt zur Hinterfragung der lange Zeit praktizierten Vergütung in Form eines Festgehaltes. Aber auch der Fachkräftemangel spielt eine nicht unwesentliche Rolle. Selbststeuerung und Motivation erfordern neue Entlohnungskonzepte.

Die Frage nach der Entlohnung hat sowohl für das Unternehmen als auch für den Mitarbeiter einen hohen Stellenwert. Zum einen haben die Lohnkosten einen nicht unerheblichen Einfluss auf die Gesamtkosten und damit für die Wettbewerbssituation des Unternehmens. Zum anderen wird die Entlohnung auch von Seiten der Mitarbeiter einem hohen Stellenwert beigemessen, da der Lebensstandard und der soziale Status eng damit verbunden sind.

Hauptzielsetzung, die ein Entlohnungssystem in einem Unternehmen verfolgen sollte, ist das Ziel einer relativen Lohngerechtigkeit.

Anforderungen an ein gerechtes Entgeltsystem

Anforderungsgerechtigkeit

Ein elementares Kriterium zur Beurteilung von Entgeltsystemen ist die Anforderungsgerechtigkeit. Bei der Anwendung des Verfahren zur Arbeitsbewertung muss jedoch beachtet werden, dass nicht nur Anforderungsmerkmale, wie z. B. große Muskelkraft, die speziell Männern zugerechnet werden, hoch bewertet werden dürfen. Auch typisch weibliche Stärken, wie beispielsweise die Fingerfertigkeit, müssen Berücksichtigung finden. Der Schutz vor geschlechtsspezifischer Diskriminierung sollte ebenfalls als unantastbares Grundrecht eines jeden Mitarbeiters und Bestandteil der Führungsethik berücksichtigt werden.

Leistungsgerechtigkeit

Ein gerechter Lohn muss zweifellos leistungsgerecht sein. Voraussetzung hierzu ist, dass die Leistung des Mitarbeiters überhaupt quantifizierbar ist. In der Realität erfolgt eine leistungsgerechte Entlohnung meistens in Form eines Akkordlohns, der die reine Mengenleistung berücksichtigt, oder in Form von Prämiensystemen, die die Leistung anhand verschiedener Kennzahlen, wie z. B. Qualität, Termineinhaltung usw. beurteilen. Zunächst gilt für solche Systeme, das die Kennzahlen, die einer Leistungsmessung zugrunde liegen, bekannt sein müssen. Darüber hinaus muss berücksichtigt werden, dass sie unbedingt durch den im Arbeitssystem Tätigen beeinflussbar sein müssen, was in Fertigungssystemen mit hohem Automatisierungsgrad, wo fixe Maschinenlaufzeiten dem Mitarbeiter kaum Spielraum lassen, den Arbeitsfortschritt zu beeinflussen, nicht gegeben ist. Als problematisch müssen Systeme erachtet werden, in denen Prämien nicht über die Messung einer absoluten Leistung, sondern über die Rangfolge der Mitarbeiter, z. B. durch einen paarweisen Vergleich, ermittelt werden. Dies bringt mit sich, dass ein Mitarbeiter bei konstanter Leistung finanzielle Nachteile erleidet, weil Kollegen ihre Leistung gesteigert haben und er dadurch in der Rangfolge nach hinten rutscht. Solch eine Umverteilung kann nicht als gerecht angesehen werden, ganz abgesehen von den Auswirkungen auf Motivation und Teamgeist in einer Gruppe. Eine leistungsgerechte Entlohnung sollte zudem den Schutz des Mitarbeiters vor Selbstausbeutung vorsehen. Prämienkurven bei leistungsbasierten Entgeltsystemen sollten deshalb nach oben begrenzt sein bzw. abflachen, um zu verhindern, dass Mitarbeiter zur Steigerung ihres Einkommens Leistungen erbringen, die auf Dauer gesundheitliche Beeinträchtigungen nach sich ziehen.

Verhaltensgerechtigkeit

Das (Sozial-)Verhalten von Mitarbeitern hat sowohl auf quantifizierbare Größen des Unternehmenserfolgs wie auch auf nicht quantifizierbare, wie Mitarbeiterzufriedenheit oder Kooperation beträchtlichen Einfluss. Da Mitarbeiter erfahrungsgemäß diesen Faktoren eine hohe Bedeutung zumessen, sollte das Verhalten unbedingt Eingang ins Entgeltsystem finden. Derzeit geschieht dies in der Regel durch eine Beurteilung des Mitarbeiters durch den Vorgesetzten. Diese ist jedoch nicht unproblematisch, da sie als machtpolitisches Instrument zum Ausspielen von Sympathien bzw. Antipathien missbraucht werden kann. Um eine subjektive Einschätzung von Betroffenen zu vermeiden, bestehen mehrere Möglichkeiten. Die Beurteilungen können z. B. von mehreren Vorgesetzten gemeinsam durchgeführt werden oder in Form eines 360°-Feedbacks angelegt sein. Dies bedeutet, dass die Mitarbeiter von ihren Vorgesetzten beurteilt werden und umgekehrt.

Verteilungsgerechtigkeit

Als weiterer Bestandteil eines gerechten Lohnes im Sinne der austeilenden Gerechtigkeit sind Erfolgsbeteiligungen oder Investivlöhne zu sehen, die die Mitarbeiter am Kapital des Unternehmens beteiligen. Hierdurch wird eine gerechtere Verteilung der Wertschöpfung des Unternehmens erreicht. Allerdings muss gewährleistet sein, dass ein erfolgsunabhängiges Grundgehalt auch bei schlechter Ertragslage des Unternehmens den Lebensunterhalt der Mitarbeiter ausreichend sichert.

Zielgerechtigkeit

Ein weiteres Kriterium für ein gerechtes, ethischen Ansprüchen genügendes Entgeltsystem ist die Auswahl der Ziele, die mit einem solchen angestrebt werden sollen.

So muss ein Entgeltsystem stets Anreiz zu ethischem Verhalten bieten und unethische Praktiken sanktionieren. Dies kann beispielsweise die Verletzung von Werten der Unternehmenskultur oder von Unternehmens- bzw. Branchenkodizes betreffen. Kennzahlen für eine Prämienentlohnung sollten deshalb Ziele wie Ressourcenschonung oder Umweltschutz berücksichtigen.

Sozialgerechtigkeit

Der sozialethische Aspekt des gerechten Entgeltsystems betrifft das Verhältnis von Lohn und Beschäftigung. Ein gerechtes Entgeltsystem sollte die Möglichkeit vorsehen, durch die Absenkung der Arbeitszeit und damit verbundenen Lohnkürzungen den Erhalt von Arbeitsplätzen zu sichern. Die Betriebserhaltung sollte als oberstes Gebot gelten. Folglich müssen geringere Gehälter vor Entlassungen in Kauf genommen werden. Als Beispiel ist das 4-Tage-Arbeitszeitmodell mit Lohnverzicht der Volkswagen AG zu nennen.

Randbedingungen

Unter die zu beachtenden Randbedingungen, die nicht die Höhe eines Lohnes beeinflussen, fällt die Forderung, dass jedes Entgeltsystem für alle Betroffenen transparent sein muss. Dies bedeutet, dass alle Komponenten aus denen der Lohn gebildet wird, bekannt sein müssen und auch der hinterlegte Rechenmodus nachvollziehbar sind. Hinzu kommt, dass die Mitarbeiter stets Rückmeldung über den aktuellen Stand ihrer Leistung bzw. der Prämie oder des Akkords erhalten. Hierin spiegelt sich die Forderung nach Rückmeldung über die Arbeitsergebnisse im Zusammenhang der identitätsorientierten Arbeits- und Beziehungsgestaltung wider.

Auch die Persönlichkeitsrechte, wie der Schutz persönlicher Daten, müssen unbedingt verwirklicht werden.

So dürfen aus dem Entgeltsystem keine Rückschlüsse auf die Lohnhöhe von Kollegen möglich sein. Es muss gewährleistet sein, dass in Verbindung mit Leistungsbeurteilungen für den betroffenen Mitarbeiter die Möglichkeit besteht, sich zu Bewertungen seiner Vorgesetzten zu äußern. Überschreiten die Abweichungen eine bestimmte Größe, so wird der Sachverhalt von Geschäftsführung und Betriebsrat in einem Beanstandungsverfahren geprüft.

Lohnformen

Der Zeitlohn

<u>Lohn</u> = Arbeitszeit x Stundenlohn

Hier wird ein Arbeitnehmer **unabhängig von seiner Leistung nach der Dauer der geleisteten Arbeitszeit** entlohnt. Erwartet wird eine durchschnittliche Leistung. Stundenlohn erhalten Arbeiter. Monatslohn (Gehalt) sowie Tage-, Schicht- und Wochenlohn erhalten Arbeiter, Angestellte, Beamte und Auszubildende.

Zeitlohn wird bei Tätigkeiten gezahlt,

- bei denen die Leistung der Arbeitnehmer nicht oder kaum messbar ist (Beispiele: Verwaltung und Büro, Installations- und Reparaturarbeiten).
- wenn die Genauigkeit, Qualität und ordnungsgemäße Ausführung wichtiger ist, als die Menge (Beispiele: Lehrer, technischer Zeichner, Kassierer, Präzisionsarbeiter, Kontrolleur).
- wenn die Arbeitnehmer auf die Menge keinen Einfluss nehmen können (Beispiele: bei Tätigkeiten mit Stoßzeiten und Leerlauf: Lagerarbeiter, Koch, Verkäufer).

Neben dem **Zeitlohn** können auch Zuschläge für eine eventuelle Mehrarbeit, Sonn- und Feiertagsarbeit sowie Nachtarbeit gezahlt werden. Für sehr schmutzige, schwere oder gesundheitsschädliche Tätigkeiten können außerdem Erschwerniszuschläge (Leistungszulagen) gezahlt werden.

Die Vorteile des Zeitlohns:

- einfache Lohnabrechnung
- weniger Leistungsdruck, weniger Unfälle, weniger Stress
- festes, für den Arbeiter besser kalkulierbares Einkommen
- meist bessere Qualität

Die Nachteile des Zeitlohns:

- keine Berücksichtigung der Leistungsunterschiede
- meist keine Leistungsanreize für Arbeitnehmer
- Unzufriedenheit selbst bei leistungsfreudigen Arbeitnehmern

Leistungslohn (Akkordlohn und Prämienlohn)

Hier werden die Arbeiter nach ihrer tatsächlich erbrachten, persönlichen Leistung oder einer Gruppenleistung entlohnt. Der Leistungslohn basiert auf folgendem Grundgedanken: Es verdient derjenige viel, der viel leistet! Unterschieden werden jeweils der Akkordlohn, der Zeitlohn mit einer Leistungszulage sowie der Prämienlohn.

Akkordlohn

Zusätzlich zu ihren tariflichen Mindestlöhnen erhalten die Arbeiter einen sogenannten Akkordzuschlag. Die erbrachte Arbeitsleistung kann in einer Flächen- (m^2 - Fliesen), Längen- (m - Stoff), Gewichts- oder Volumeneinheit ausgewiesen werden.

Beim Geldakkord erhalten die Arbeiter einen bestimmten Betrag als Lohn ausgezahlt. Die Arbeitszeit spielt hierbei keine Rolle (Beispiel: das Verlegen von Fliesen, für 10 Euro pro Quadratmeter). Beim Zeitakkord werden bestimmte Zeiten vorgegeben, um bestimmte Arbeiten auszuführen (Beispiel: das Verlegen von Fliesen, ein Quadratmeter in 30 Minuten). Beim Gruppenakkord erbringt eine Gruppe (zum Beispiel eine Montagegruppe oder ein Bautrupp) die Akkordleistungen.

Die Vorteile des Akkordlohns sind:

- eine leistungsgerechte Bezahlung
- die Arbeiter beeinflussen die Lohnhöhe und Leistung

Die Nachteile des Akkordlohns sind:

- Qualität steht hinter Quantität
- Qualitätskontrollen werden notwendig

Prämienlohn

Die Arbeitgeber zahlen den Arbeitnehmern für besondere Leistungen Zuschläge bzw. Prämien. Die Zuschläge sind Ergänzungen zum Akkord- oder Zeitlohn. Sie sollen in erster Linie Leistungsanreize bilden.

Berechnungsgrundlagen sind hier:

- Unfallverhütung und Verbesserungsvorschläge - Anerkennungsprämie
- Senkung der Rüstzeiten, Reduzierung der Reparaturzeiten - Nutzungsgradprämie
- weniger Leerlauf und Stillstand - Nutzungsprämie
- Qualitätserhöhung, weniger Nacharbeiten und Ausschuss - Qualitätsprämie

- Einhaltung von Terminen und vorzeitige Fertigstellung
- die Erzielung eines hervorragenden Umsatzes - Mengenprämie
- geringer Energieverbrauch, hohe Materialausbeute, sparsamer Rohstoffeinsatz Einsparprämie

Die Vorteile sind:

- Belohnung der Qualitätsarbeit
- Leistungsanreiz
- niedrigere Fluktuation (insbesondere bei leistungsorientierten Arbeitern)
- Kosteneinsparung

Die Nachteile sind:

- die Auswahl des Prämienschlüssels gestaltet sich schwierig
- die Berechnung der Prämien ist aufwendig

Zuschläge und Zulagen

Zuschläge und Zulagen sind weitere Lohnbestandteile, die die Arbeitgeber auf tariflicher Grundlage oder freiwillig an die Arbeitnehmer zahlen können.

Zuschläge:

- Mehrarbeits- bzw. Überstundenzuschlag
- Nachtschichtzuschlag
- Zuschlag für Feiertags- und Sonntagsarbeit

Zulagen:

- Arbeitgeberanteile zur Bildung von Vermögen
- Gefahrenzulage
- Erschwerniszulage
- Schmutzzulage
- Gratifikationen wie Weihnachts- oder Urlaubsgeld
- Zulage für eine lange Betriebszugehörigkeit
- Leistungszulage

Beteiligungslohn

Zusätzlich zum Gehalt oder Lohn kann ein Beteiligungslohn gezahlt werden, der sich jeweils am Erfolg eines Unternehmens orientiert.

Die Hauptformen heißen:

- Kapitalbeteiligung (Diese Variante wird nicht als Zuschlag ausgezahlt, sondern verbleibt in Aktiengesellschaften als Belegschaftsaktien oder in Unternehmen als Darlehen.)
- Umsatz- und Gewinnbeteiligung (Hier wird den Arbeitnehmern ein Anteil am Umsatz/des Reingewinns ausgezahlt.)

Der Beteiligungslohn fördert die Arbeitnehmer-Bereitschaft, höhere Leistungen zu erbringen. Er bindet sie stärker an das Unternehmen.

2.Teil - Grundlagen der Personalführung

Personalführung ist ein Begriff, der sich aus den Wörtern **Personal** und **Führung** zusammensetzt und hier auf **Organisationen** bezogen wird, die Unternehmen, Behörden, Werkstätten, Schulen, Krankenhäuser usw. sein können. Im Vordergrund der Betrachtung stehen aber **Unternehmen** als offene soziale Systeme.

Das **Personal** ist eine strukturierte Gesamtheit von Mitarbeitergruppen, die auch als Belegschaft bezeichnet wird.

Die **Führung** kann eingeteilt werden in:

Führung

Personalführung **nehmensführung** (Leadership)

Unternehmensführung (Management)

Das Wesen der Personalführung

Die **Personalführung** ist in der Betriebswirtschaftslehre ein Teilgebiet des Personalwesens bzw. des Personalmanagements bzw. der Personalwirtschaft. Sie ist die zielgerichtete bzw. situationsbezogene Beeinflussung des Personals, die unter Einsatz von Führungsinstrumenten durch Führungskräfte auf einen gemeinsam zu erzielenden Erfolg ausgerichtet ist. Sie heißt auch Mitarbeiterführung.

Die Personalführung ist durch folgende **Merkmale** gekennzeichnet:

> Es sind mindestens zwei Personen beteiligt: Füh-
> rungskraft und Geführter Es findet eine soziale In-
> teraktion statt, d.h. beide kommunizieren mitei-
> nander Die Führung erfolgt in einer bestimmten Si-
> tuation ziel- und erfolgsgerichtet Es werden von
> der Führungskraft Führungsinstrumente einge-
> setzt Sie bewirkt eine Verhaltensauslösung bzw.
> Verhaltenssteuerung.

Demgegenüber wird die **Unternehmensführung** als zielori-
entierte Gestaltung, Steuerung und Entwicklung eines Unternehmens definiert.

Arten der Personalführung

Nach der Orientierungsart	Nach der Unternehmens-ebene
Personenorientierte Führung als Führungsverhalten, das auf gegenseitigem Vertrauen, menschlicher Wärme und Rücksichtnahme beruht, z.B. Anreize geben, motivieren.	**Gesamtführung** durch die Unternehmensleitung
	Bereichsführung durch die Bereichsleitung
Sachorientierte Führung als Führungsverhalten, das Aktivitäten des Vorgesetzten umfasst, die den betrieblichen Prozess betreffen, z.B. planen, realisieren, organisieren und kontrollieren.	**Gruppenführung** durch die Gruppenleitung
	Individualführung durch Vorgesetzte

Aufgaben der Personalführung

Originäre Führungsaufgaben als ursprüngliche Aufgaben der Personalführung. Es geht hier um die Erfüllung gemeinsamer Ziele. Dazu wird ein organisatorisches Gleichgewicht vorausgesetzt.

Die **personen- und situationsbezogenen** Aufgaben:

Sie betreffen die Zielvereinbarung, Delegation, Weisungen, Problemlösung, Information, Kontrolle, Kritik und Konfliktsteuerung.

Derivative Führungsaufgaben als abgeleitete Aufgaben der Personalführung im Sinne der Lokomotionsfunktion zur Durchsetzung und Sicherung eines Führungswillens. Die sozioemotionale Aufgaben der Führung beziehen sich auf die Motivation und den Zusammenhalt der Mitarbeiter (Kohäsionsfunktion).

Die **formalisierten Sachaufgaben** des Personalmanagements:

sie zeigen sich in der Personalentlohnung,-entwicklung,-beurteilung und -einsatzplanung bzw. als einsatzbezogene Funktionen der betrieblichen Personalwirtschaft.

Abgrenzung der Personalführung

Führung ist der Überbegriff für Personal- und Unternehmensführung, also für die Begriffe Leadership und Management.

Management umfasst im funktionalen Sinne die Beschreibung von Prozessen (managerial functionsapproach) und im institutionellen Sinne von jenen Personen, welche das Management wahrnehmen (managerial roles approach).

Leitung und Führung werden häufig als Begriffe synonym

behandelt. Leitung kann aber auch im institutionellen Sinne gesehen werden, z.B. als Unternehmens-, Bereichs- bzw. Gruppenleitung.

Macht ist die Chance, innerhalb einer sozialen Beziehung den eigenen Willen durchzusetzen, z.B. Macht durch Sachkenntnis, Macht durch Bestrafung.

Manipulation ist der geglückte Versuch von Personen, bewusst und zum eigenen Vorteil das Erleben und Verhalten anderer Personen zu beeinflussen.

Motivation ist die Verhaltensbeeinflussung durch äußere Anreize, die auf innere Antriebe abzielt, z.B. Leistungs-, Arbeits- und Lern-motivation.

Kommunikation ist der Austausch von Informationen zwischen Menschen (z.B. Personalkommunikation) und /oder Maschinen.

Typologie des Menschen

In der Regel macht sich der Vorgesetzte ein Bild vom Geführten und umgekehrt hat der Mitarbeiter ein Bild von seinem Vorgesetzten (Menschenbilder)

Man unterscheidet zwischen:

I. Temperamentstypen
II. Konstitutionstypen
III. Charaktertypen
IV. Werttypen
V. Richtungstypen

I. Temperamentstypen (nach Hippokrates)

o Der Sanguiniker (sanguis = Blut) ist stark gefühlsbe-
tont, von heiterer Gemütsart, aber rasch wechselnd
in seinem Inneren. Er ist beliebt und versteht es, andere zu ermutigen. Angespannte Situationen kann
er mit Humor lösen. Als Lebenskünstler meistert er
auch verfahrene Situationen. Seine Arbeitsweise ist
in der Regel zügig.

o Der Choleriker (Chole = Galle) ist stark reizbar und
erschütterungsfähig. Geringste Anlässe können ihn
zur Raserei bringen. Er kann hart und ungerecht
sein. Er packt die Arbeit mit Schwung an, ermüdet
dabei aber schnell. Vorgesetzte sollten ihn nicht un-
nötig reizen, denn dann kann schnell „ein Vulkan"
ausbrechen.

o Der Phlegmatiker (Phlegma = Schleim) gehen Ruhe
und Bedächtigkeit über alles. Seine bedächtige Art
kann sich bis zur Stumpfheit steigern. Er ist aber im
Regelfall beständig und treu („immer ruhig Blut").
Andererseits ist er bei seinen Entscheidungen oft
schwerfällig bzw. unselbstständig im Handeln.

o Der Melancholiker (melas = schwarz, chole = Galle)
fällt durch sein gedrücktes und stilles Wesen auf. Er
nimmt das Leben schwer und mag keine fröhlichen
bzw. lauten Menschen. Erlebnisse im Alltag berüh-
ren ihn tief und nachhaltig. Er sieht die Welt zu
schwarz und wittert überall Unheil und Verdruss.

II. Konstitutionstypen (nach Kretschmer)

o   Der leptosome Typ als gedrungener, schlankwüchsiger und hagerer Menschentyp mit geringer Muskulatur, der lange, schmale und feingliedrige Hände hat. Er zeigt wechselhaftes Temperament, mal kühl reserviert, mal lebhaft und ist häufig konsequent, zäh, zielstrebig und willensstark.

o   Der pyknische Typ hat eine gedrungene, rundliche Form und geringe Muskulatur. Er zeigt Breitenwirkung, einen kurzen und gedrungenen Hals, Fettansatz und abfallende Schultern. Er ist im Regelfall gutmütig, fühlt warmherzig und wird nicht so schnell nervös. Außerdem ist er gesellig, umgänglich und findet schnell Kontakt.

o   Der athletische Typ zeichnet sich durch eine kräftige Muskulatur und durch seinen muskulösen Körper aus. Er ist schlank und hat einen starken Knochenbau. Darüber hinaus ist dieser Menschentyp zäh, ausdauernd und zuverlässig. Andererseits kann er wortkarg sein und Temperamentsschwankungen unterliegen.

III. Charaktertypen (nach Huth bzw. Kretschmer)

o   Der Gefühlsmensch ist leicht ansprechbar, gutmütig und interessiert. Er hat eine reiche Phantasie, neigt aber zu Kompromissen. Er geht Auseinandersetzungen aus dem Wege.

o   Der Tatmensch ist bedächtig, zäh, unerbittlich be-
    harrlich, manchmal pedantisch. Seine Ziele verfolgt
    er ausdauernd und mit großem Bewegungsdrang.
    Er wird auch Triebmensch genannt.

o   Der Verstandesmensch zeichnet sich durch seine
    Abstraktions-fähigkeit und sein scharfsinniges Ur-
    teil aus. Seine Entscheidungen werden vom logi-
    schen Denken bestimmt.

o   Beim Willensmenschen tritt die Wertverwirklichung
    in den Vordergrund. Jedes Wollen beginnt mit ei-
    nem Willensentschluss. Der Wille ist dauernd auf
    die betreffende Zielvorstellung eingestellt.

(Huth, A.: Diagnose der Person, Bern/München 1956, S. 57
f. u. S. 45-58)

IV. Werttypen (nach Spranger)

o Der theoretische Mensch, der sachliche Zusammenhänge erforscht und sich dabei von wissenschaftlichen Grundsätzen leiten lässt. Er versucht, logische Systeme zu gewinnen und ist dabei oft hart gegen sich selbst, z.B. arbeitet er im Bereich der Forschung.

o Der ästhetische Mensch, der als Idealist dem Materiellen fern steht und das Schöne verehrt. Er mag keine Bürokratie, Vorschriften bzw. Normen und meidet alles, was seine Ästhetik stören könnte. Er genießt das Leben. Im Betrieb arbeitet er in der Werbung.

o Der religiöse Mensch, der nach den höchsten Werten des Daseins sucht und die Güter des Lebens als Gottesgabe wertet. Er sieht die Unvollkommenheit als Aufruf zur sozialen Liebe und geht in seinem Bestreben um Nächstenliebe auf, z.B. als Werkspfarrer.

o Der politische Machtmensch, der als Herrscher alle Wertgebiete in den Dienst seines Machtwillens stellt. Mit seinem ausgeprägten Selbstwertgefühl setzte er sich immer wieder durch. Man findet sie im Betrieb u.a. in der Unternehmensleitung.

o Der soziale Mensch, der als Helfer auftritt und eine hingebende Einstellung zum Mitmenschen hat. Er verhält sich wohlwollend, hilfsbereit bzw. kameradschaftlich und achtet auf die Bedürfnisse seiner Mitmenschen. Im Betreib arbeitet er z.B. als Werksfürsorger.

o Der ökonomische Mensch, der seinen Lebensbeziehungen den Nützlichkeitswert voranstellt. Er verfährt als Befürworter des Ökonomischen sparsam mit Raum, Zeit, Kraft und Stoff. Im Betreib arbeitet er im Finanzwesen bzw. im Rechnungswesen.

V. Richtungstypen (nach C.G. Jung)

o Der extravertierte Typ des Menschen lebt in einer Einheit mit seiner Umwelt und beantwortet Eindrücke mit unmittelbarem Handeln. Er versucht alles an Eindrücken aufzunehmen, was ihn interessiert. Dabei erhält er von der Außenwelt seine Antriebe zur Aktivität. Er knüpft rasch Beziehungen. Es gibt zwei Arten:

- Die progressive Form zeigt den ausgesprochenen Tatmenschen mit enormer Aktivität, der jeden Fortschritt wahrnimmt und ihn für sein Fortkommen nutzt.

- Die regressive Form zeigt einen Typus, der sich in der Umwelt zwar orientiert sich aber immer nach den vorhandenen Gegebenheiten richtet.

o Der introvertierte Typ des Menschen ist durch ein zögerndes, überlegendes und zurückgezogenes Wesen gekennzeichnet. Er findet sich immer etwas in der Defensive. Für ihn ist die Tatsache selbst wichtiger als der Eindruck, den sie auf ihn macht. Er strebt nach werthafter Vertiefung und misst der Außenwelt sekundären Wert zu. Formen der Introversion sind:

- Die progressive Art zeigt einen ruhigen, besinnlichen, aber doch aktiven Menschen, der sich mit der Wirklichkeit auseinandersetzt und nicht alles kritiklos hinnimmt.

- Die regressive Art kennzeichnet einen Menschen mit ausgeprägtem Eigenwertgefühl, der die Außenwelt nicht selten als zu hart empfindet und sich mitunter schnell aus ihr zurückzieht.

Typologie der Führungskräfte

Eine Führungskraft ist ein Vorgesetzter mit der Aufgabe, die ihm unterstellten Mitarbeiter unter Einsatz von Führungsinstrumenten bzw. bei Berücksichtigung der jeweiligen Situation zum Erfolg zu führen. Sie werden auch Manager genannt.

I. Klassische Führungskräftetypen
II. Managertypen
III. Führungsstil-Manager
IV. Leitungstypologie
V. Verhaltenstypologie

I. Klassische Führungskräftetypen (Lewin)

o Der autoritäre Führer gibt die zu erreichenden Ziele vor. Er bestimmt und lenkt die Aktivitäten der Gruppenmitglieder und der Gruppe und teilt jeder Person ihre Aufgaben zu. Der Führende lobt und tadelt einzelne Mitglieder persönlich, nimmt aber selbst wenig am Arbeitsprozess teil.

o Der demokratische Führer bezieht die Gruppenmitglieder in seine Entscheidungen ein. Wenn es ge-
wünscht wird, gibt der Führende der Gruppe Rat-
schläge. Die Arbeitsverteilung und die Gruppenwahl
erfolgt durch die Mitglieder der Gruppe selbst. Der
Führende strebt nach objektiven Maßstäben der Kritik und versucht, am Gruppenprozess teilzuhaben.

o Der Laissez-faire-Führer gibt den Gruppenmitglie-
dern bei Einzel- oder Gruppenentscheidungen völ-
lige Freiheit (frz.: faire = machen, laissez = lasst).
Der Führende beteiligt sich nur minimal am Gesche-
hen, stellt aber Arbeitsmaterial zur Verfügung. Er
vermeidet es, die Tätigkeiten der Mitarbeiter oder
der Gruppe positiv oder negativ zu bewerten.

II. Managertypen

o Der Geld-Managertyp als nach Geld strebender Kar-
rieremensch, der die Bereitschaft mitbringt, seine
Stellung häufig zu wechseln. Er ist in der Regel jün-
ger als 36 Jahre.

o Der Macht-Managertyp als Führungskraft, die lei-
tende und einflussreiche Positionen anstrebt. Seine
Loyalität gegenüber dem Unternehmen endet mit
seinem Ausscheiden.

o Der souveräne Managertyp als engagierter Macher,
der Höchstleistungen und Unabhängigkeit als wichtigste Berufsziele sieht. Er fürchtet jüngere Aufstei-
ger nicht.

o Der idealistische Managertyp als Vorgesetzter, der
seinen Job als Berufung sieht. Er identifiziert sich

sehr mit seinen Aufgaben und bringt auch bei niedrigem Gehalt Höchstleistungen.

o Der väterliche Managertyp als Führungskraft, für welche die soziale Sicherheit das wichtigste persönliche Ziel ist. Dieser meist ältere Typ ist überall beliebt und anerkannt. Freizeit und Familie haben bei ihm hohen Stellenwert.

o Der elitäre Managertyp als Vorgesetzter, für den seine berufliche Stellung eine Prestigefrage ist. Nach seiner Auffassung sind Rangunterschiede in der Unternehmenshierarchie beizubehalten.

III. Führungsstil-Manager (nach Reddin)

o Der Verfahrensstil-Manager, der die schriftliche Kommunikation gegenüber dem mündlichen Kontakt bevorzugt und sich mehr mit der Gesamtorganisation als mit den einzelnen Mitarbeitern identifiziert. Modellhaft betrachtet beherrscht er als Bürokrat viele Routineprozesse und im negativen Fall ist der der Kneifer.

o Der Beziehungsstil-Manager, der gute zwischenmenschliche Beziehungen betont und auf die Bedürfnisse seiner Mitarbeiter achtet. Als Förderer delegiert er, soviel und soweit es die jeweilige Situation erlaubt. Demgegenüber glauben sog. „Gefälligkeitsapostel" (missionary), es jedem Mitarbeiter recht machen zu können.

o Der Aufgabenstil-Manager, der die Anforderungen des technischen Systems eher als die des menschlichen Systems betont. In der Ausprägungsform des

Machers setzt er realistische, aber anspruchsvolle Ziele und überzeugt durch Expertenwissen. Als Autokrat überfordert er die Mitarbeiter und pocht auf seine Amtsautorität.

o Der Integrationsstil-Manager, der nach einer gleichgewichtigen Beachtung von Mensch und Arbeit strebt. Als Integrierer führt und entscheidet er im partnerschaftlichen Sinne. Er motiviert und fördert seine Mitarbeiter zielorientiert. Als Kompromissler meidet er die Konfrontation.

IV. Leistungstypologie

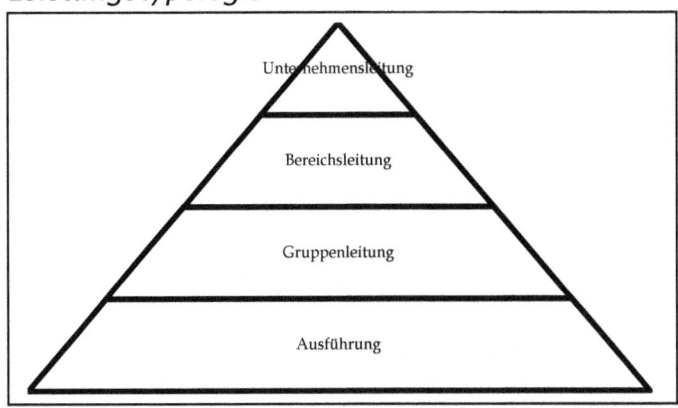

V. Verhaltenstypologie (nach Rahn)

o souveräne Führungskräfte → Macher in der Hierar-
chie

o Strenge Führungskräfte → im Produktionsbe-
reich

o Sachliche Führungskräfte → in der Buchhaltung

o Muntere Führungskräfte → im Marketingbe-
reich

o Kritische Führungskräfte → im Controlling

o Ehrgeizige Führungskräfte → in allen Bereichen

o Humane Führungskräfte → im Personalbereich

o Hektische Führungskräfte → in der Fertigung

o Unfähige Führungskräfte → in allen Bereichen

Typologie der Mitarbeiter (nach Rahn)

o Der Gruppenstar als informeller Führer der Gruppe

o Der leistungsstarke Mitarbeiter als Leistungsträger der Gruppe

o Der Ehrgeizling als Leistungsfetischist bzw. Streber

o Der Drückeberger als „Will-nicht-Typ" in der Gruppe

o Der leistungswillige Mitarbeiter ohne ausreichende Qualifikation

o Der leistungsgeminderte Mitarbeiter als „Kann-nicht-Typ"

o Der schüchterne Mitarbeiter als introvertierter Typ

o Der ausgleichende Mitarbeiter schlichtet bei Streitig-keiten

o Die Frohnatur als extravertierter Typ ist immer gut gelaunt

o Der Gruppenclown als übertriebener Spaßmacher der Gruppe

o Der freche Mitarbeiter als Rädelsführer, Aufwiegler, Kesseltreiber

o Der Intrigant als heimtückischer Mitarbeiter in der Gruppe

o Der problembeladene Mitarbeiter mit großen priva-
ten Sorgen

o Der Neuling ist noch nicht als echtes Gruppenmit-
glied akzeptiert

o Der Außenseiter als Schwarzes Schaf oder Randfi-
gur in der Gruppe

Persönlichkeit des Menschen

Persönlichkeit ist eine komplexe Menge von einzigartigen
psychischen Eigenschaften, welche die für ein Individuum
charakteristischen Verhaltensmuster in vielen Situationen
und über einen längeren Zeitraum hinweg beeinflussen.
[Zimbardo, P.G., Gerrik, R.J. (2008), S. 504].

Hiernach werden drei Elemente vorgestellt:

o Instanzenmodell

o Transaktionsanalyse-Modell

o Selbstwertgefühls-Modell

Instanzenmodell (nach S. Freud)

Das „Es" wird als unbewusster Teil der Persönlichkeit vom
Lustprinzip bestimmt.

Das Über-Ich ist der Sitz der Werte, einschließlich der erworbenen Einstellungen. Es ist das Gewissen, das sich im-

mer dann „meldet", wenn wir gegen unsere Normen ver-
stoßen.

Das Ich verkörpert den realitätsorientierten Aspekt der Persönlichkeit, der im Konflikt zwischen den Impulsen des Es
und den Normen des Über-Ichs abwägt und die Entscheidungen trifft.

Transaktionsanalyse-Modell (nach Berne)

Das Eltern-Ich als Sammlung von Aufzeichnungen im Ge-
hirn über frühere Ereignisse:

- Kritisches Eltern-Ich, das den Zeigefinger erhebt
  und befiehlt.

- Fürsorgliches Eltern-Ich, das tröstet, hilft und aus-
  gleichend wirkt.

Das Erwachsenen-Ich, das sachliche Aussagen trifft und
Fakten erfragt.

Das Kindheits-Ich, das seinen Gefühlen freien Lauf lässt.

- Freies Kindheits-Ich, das spontan, impulsiv und lis-
  tig ist.

- Angepasstes Kindheits-Ich, das sich den Normen
  anpasst und Angst hat.

Selbstwertgefühlsmodell (nach Crisand)

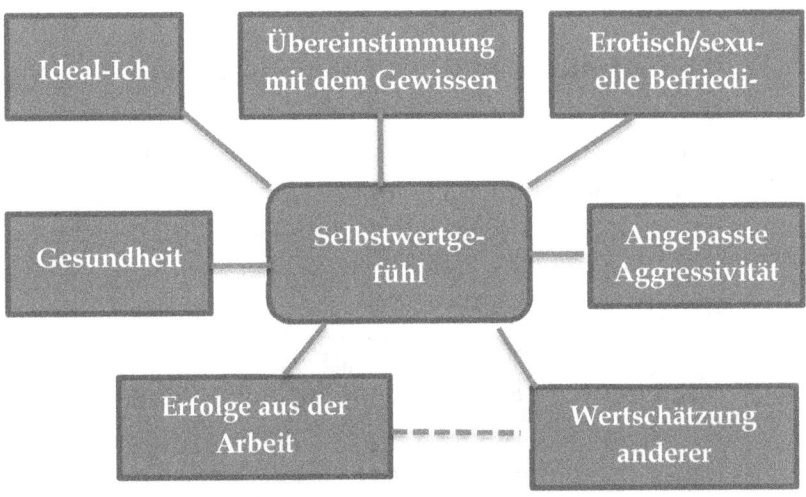

Wissenschaftliche Quellen der Führungslehre

I.   Betriebswirtschaftliche Führungslehre

II. Psychologische Teilgebiete

III. Wissenschaften zur Führung

IV. Führungspsychologie

V.   Wissenschaftstheorie

I. Betriebswirtschaftliche Führungslehre

o Bei der faktororientierten Führungslehre von Guten-
berg werden die elementaren Produktionsfaktoren
Arbeit, Betriebsmittel und Werkstoffe vom dispositi-
ven Faktor kombiniert, der die Leitung, Planung, Organisation und Kontrolle beinhaltet. Die Hauptauf-
gabe der Führung besteht hier darin, eine hohe Wirt-
schaftlichkeit zu erzielen.

o Nach der sozialorientierten Führungslehre von Mel-
lerowicz soll die Führung in einem Wirtschaftssys-
tem mit ständigem Wandel von Technik, Wirtschaft
und Gesellschaft nicht nur wirtschaftlich agieren,
sondern sich auch hinsichtlich humaner Bedingungen anpassen. Es sind also die Prinzipien der Wirt-
schaftlichkeit und der Humanität anzustreben.

o Die entscheidungsorientierte Führungslehre von
Heinen stellt die Erklärung und Gestaltung menschlicher Entscheidungen auf allen Führungsebenen in
den Vordergrund der Betrachtung. Es wird der Ent-
scheidungsprozess hervorgehoben, der aus der Willensbildung und der Willensdurchsetzung besteht.

o Die systemorientierte Führungslehre, die von Hans
Ulrich auf der Grundlage der anglo-amerikanischen
Systemtheorie in den siebziger Jahren des letzten
Jahrhunderts mit mehreren Steuerungs- bzw. Regel-
kreisdarstellungen erklärt wurde. Später entstand
das St.-Galler-Management-Modell von Ul-
rich/Krieg, das von Bleicher zu einem Konzept des
integrierten Managements weiterentwickelt wurde.

Über die genannten Führungslehren hinaus bietet die betriebswirtschaftliche Literatur eine Fülle wissenschaftlicher
Beiträge zur Personalführung.

II. Psychologische Teilgebiete

Die Sozialpsychologie ist die Wissenschaft vom Erleben und
Verhalten zwischen Menschen. Sie untersucht jenen Aus-
schnitt von Verhalten und Erleben, der sich auf zwischenmenschliche Interaktionen bezieht. Dieses Teilgebiet der
Differentiellen Psychologie beschäftigt sich nicht nur mit
Gruppen, sondern auch mit dem Verhalten und Erleben von
Einzelpersonen. Im weitesten Sinne erforscht die Sozialpsychologie die Auswirkungen sozialer Interaktionen auf Ge-
danken, Gefühle und Verhalten des Individuums.

Die Organisationspsychologie ist als Teilgebiet der Psychologie die empirische Wissenschaft vom Erleben, Verhalten
und Handeln von Personen in Organisationen (v. Rosen-
stiel). Der historische Vorläufer der Organisationspsychologie ist die Betriebspsychologie (A. Mayer). Wesentliche Teilgebiete der Organisationspsychologie sind:

o Die Aufgabe als einem Grundaspekt menschlicher Lebenswirklichkeit.
o Das Individuum als einzelner Mensch in einer Organisation.
o Die Gruppe als Mehrzahl von Personen, die direkter
   Beziehung stehen.

Die Personalpsychologie betrachtet das Individuum in seinen Verhaltens-, Befindens-, Leistungs- und Entwicklungs-
zusammenhängen als Mitarbeiter einer Organisation und ist

damit ein Teilgebiet der Arbeits-und Organisationspsychologie. Teilaspekte sind u.a. die Arbeit, Personalmarketing und Personaleinsatz, Personalauswahl und Personalentwicklung, Führung und Gruppe.

III. Führungspsychologie

Die Führungspsychologie ist die Wissenschaft vom Erleben und Verhalten der Menschen im Rahmen der Beeinflussung durch Führungskräfte. Sie ist ein eigenständiges und traditionsreiches Teilgebiet sowohl der Wirtschaftspsychologie als auch der betriebswirtschaftlichen Führungslehre und grenzt sich von obigen Teilgebieten der Psychologie dadurch ab, dass sie sich ausschließlich mit Fragen der Führung von Menschen beschäftigt.

Die Führungspsychologie erforscht also das Führungsverhalten des Menschen, das Verhalten von Mitarbeitern sowie die dem Verhalten zugrunde liegenden Anlage- und Umweltfaktoren. Damit tangiert sie die Persönlichkeits-, Gruppen-, Motivations-, Kommunikations- und Lernpsychologie.

Die Führung von Menschen stellt ein komplexes Phänomen dar, dessen Facetten nach differenzierter Betrachtung und Analyse verlangen. Die Führungspsychologie leistet ihren Beitrag durch die Beschäftigung mit den Teilaspekten der Führung auf den verschiedenen Gebieten des menschlichen Zusammenlebens.

IV. Wissenschaftstheorie

o Die Wissenschaft ist nach Heinen ein stetiger Prozess der Entwicklung von Theorien, der Überprüfung der Theorien an der Realität, ihre Verwerfung, Annahme oder Anpassung. Jede Wissenschaft hat die Aufgabe, aussagefähige Theorien zu entwickeln, die beim Nachdenken über Phänomene unterstützen, Zusammenhänge erklären und zukünftige Ereignisse voraussagen können.

o Insbesondere die Wissenschaftstheorie (Popper, Albert, Opp) setzt sich mit der methodisch ausgewogenen Gestaltung von Theorien intensiv auseinander. Sie ist als wesentliches Teilgebiet der theoretischen Philosophie eine Metawissenschaft, welche die Entwicklung, Bewährung und Anwendung wissenschaftlicher Theorien sowie die Voraussetzungen, Strukturen und Auswirkungen von Wissenschaften als Gegenstand ihrer Betrachtungen sieht.

o Wer die Theorien und Modelle zur Personalführung eingehend studiert und analysiert, der kommt zum Ergebnis, dass sich viele Forschungs-ansätze scheinbar „totgelaufen" haben. Somit fordert vor allem Tisdale eine lange überfällige „kognitive Wende" in der Diskussion der Führungstheorien und Führungsmodelle.

o Die moderne Betriebswirtschaftslehre versteht sich als interdisziplinäre Wissenschaft. Sie bezieht in ihre Untersuchungen nicht nur Erkenntnisse der Unternehmensforschung ein, sondern berücksichtigt auch

Ergebnisse anderer Wissenschaftsbereiche, insbesondere der Psychologie und der Soziologie.

Führungsmodelle und Theorien

Ein Führungsmodell ist eine beschreibende, erklärende oder
(normativ) gestaltungsorientierte Abbildung des Führungs-
geschehens – speziell des Führungshandelns – in Organisationen [Weibler (2004), Sp. 801; Seidel (1993), Sp. 1299 ff.].
Grundsätzlich bilden Modelle komplexe Sachverhalte ab,
d.h. sie sind Abstraktionen der Wirklichkeit.

Da die Zahl der in der Literatur vorgestellten Führungsmodelle sehr umfassend ist - und sich diese Modelle in Inhalt
und Erkenntnisgrundlagen erheblich unterscheiden - sind
Führungsmodelle in eine Ordnung zu bringen [Rühli (1995),
Sp. 769 f.].

Die Führungsmodelle können das Führungshandeln von
Vorgesetzten beeinflussen: Einerseits erschweren sie es,
wenn die Modellbildung beispielsweise in Form von Total-
modellen dazu benutzt wird, allumfassende Gestaltungs-
empfehlungen auf der Basis ungesicherter Fakten zu geben.
Andererseits erleichtern sie es, wenn sich die Modellbildung an empirisch geprüften Theorien orientiert.

Als Theorien gelten Aussagensysteme, welche die Beschreibung, Erklärung, Vorhersage und Evaluation empirischer
Sachverhalte sowie die Ableitung neuer, prinzipiell testfä-
higer Hypothesen ermöglichen [Wunderer (2003), S. 270 f.].

Entscheidungsorientiertes Modell (Heinen)

Die entscheidungsbezogene Führungslehre sieht die Gege-

benheiten vor allem unter dem Aspekt des Entscheidungs-
prozesses, der aus der Willensbildung und der Willensdurchsetzung besteht. Dabei wird. auf folgende Variablen
der Führung hingewiesen:

o Die personalen Variablen werden als Eigenschaften
und Fähigkeiten Gegenstand von den Verhaltenswis-
senschaften betrachtet. Diese Variablen beschäftigen
sich mit der Beziehung zwischen Führer und Geführ-
tem.

o Die strukturalen Variablen betreffen z.b. die Aufgabentei-
lung, die speziellen Regelungen bzw. die gesamte Organisation und sind deshalb Betrachtungsgegenstand der betriebswirtschaftlichen Organisationslehre.

Die Situationsvariablen des Führungsmodells enthalten folgende Nebenbedingungen der Führung:

• Die personalen Nebenbedingungen, z.B. die Positi-
onsmacht des Führenden, die Aufgabenstruktur
und die Gruppenatmosphäre.
• Die strukturalen Nebenbedingungen als Eigenschaften der jeweils zu erfüllenden Aufgabe, z.B. strukturierte bzw. unstrukturierte Tätigkeitsfelder.

Das entscheidungsorientierte Führungsmodell wird sowohl
durch die Instrumentalvariablen als auch durch die Situationsvariablen beeinflusst und ist auf Ziele ausgerichtet, die
von den Betroffenen zu erfüllen sind (z 1bis z 3).

Motivationsbezogene Modelle und Theorien

Mit den motivationsbezogenen Modellen und Theorien beschäftigt sich die Motivationspsychologie [u.a. Rudolph (2003), Rheinberg (2004)], welche die Richtung bzw. die Stärke der Wirkung von menschlichem Verhalten erforscht.

Die Aufgabe der wissenschaftlichen Motivationspsychologie besteht darin, die verschiedenen Komponenten bzw. Teilprozesse des Verhaltens in ihrem Zusammenspiel zu beschreiben und zu erfassen, ihre Abhängigkeiten und Beeinflussbarkeit zu bestimmen und ihre Auswirkungen im Erleben und nachfolgendem Verhalten näher aufzuklären.

Von den vielen motivationsbezogenen Modellen und Theorien, welche die Literatur anbietet, sollen nur ausgewählte Systeme erläutert werden, die für die Erklärung der Personalführung von Interesse sind.

S-O-R-Modell (Lewin)

Im Rahmen der Erklärung des menschlichen Verhaltens im Unternehmen und hinsichtlich der Erklärung des Prozesses der Personalführung ist insbesondere auf das sog. S-O-R-Modell (Stimulus-Organism-Response-Model) hinzuweisen.

Dieses Konzept geht auf der Basis einer Theorie von Lewin davon aus, dass der Mensch auf Stimuli (S), d.h. auf Impulse seiner Umwelt, eine Reaktion (R) zeigt, die von Vorgängen der Informationsverarbeitung seines Organismus (0) abhängig ist.

In vereinfachender Darstellung lässt sich dieses Modell in

folgender Weise präsentieren:

S (Stimulus)   O (Organismus)   R (Reaktion

Aus diesem Zusammenhang ist die mathematische Beziehung $R = f(S, O)$ ableitbar. Also ist die Reaktion eines Menschen eine Funktion der Stimuli aus der Umwelt bzw. des Organismus. Nach der Feldtheorie von Lewin besteht die generelle Formulierung der Entstehungsbedingungen menschlichen Verhaltens in der Formel: $V = f(P, U)$.

In einer bestimmten Situation hängt das Verhalten (V) eines Menschen von dem psychologischen Lebensraum ab, in dem er sich befindet. Dieser setzt sich - wie es aus der Formel Lewins ersichtlich ist – aus der Person (P) selbst und ihrer Umwelt (U) zusammen. Für den Begriff der Umwelt wird heute eher der Begriff der Situation verwandt [Staehle (1999), S. 156].

Bedürfnispyramidenmodell (Maslow)

Die Bedürfnispyramide von Maslow stellt eine hierarchische Ordnung der menschlichen Bedürfnisse dar, bei der die Gesamtheit menschlicher Motive zu fünf Bedürfnisgruppen zusammengefasst wird. Sobald ein Mitglied einer Organisation seine Basisbedürfnisse befriedigt sieht, z.B. durch ein Mindesteinkommen, wird er höher in der Bedürfnishierarchie nach neuen Bedürfnissen suchen oder er senkt sein Anspruchsniveau.

Die Bedürfnisgruppen stehen nach Maslow also in einer hierarchischen Beziehung zueinander, wobei die physiologischen Bedürfnisse ganz unten und die Selbstverwirklichungsbedürfnisse ganz oben stehen.

E-R-G-Motivationsmodell (Alderfer)

Alderfer unterscheidet nur drei Bedürfnisklassen:

- o Die Existenzbedürfnisse (E = Existence needs), die physiologische Bedürfnisse, Sicherheitsbedürfnisse, finanzielle Be- und Entlohnungen und Arbeitsbedingungen betreffen.
- o Die Beziehungsbedürfnisse (R = Relatedness needs) als Sozialbedürfnisse der Zuneigung und der Zugehörigkeit, Bedürfnisse der Achtung und Wertschätzung.

o   Die Wachstumsbedürfnisse (G = Growth needs) als Wachstums- und Selbsterfüllungsbedürfnisse, z.B. das Streben einer Person nach Selbstverwirklichung und Produktivität.

o   Es sind sieben Bedürfnis-Hypothesen zu unterscheiden:

o   Je weniger die E-Bedürfnisse befriedigt sind, desto stärker werden sie

o   Je weniger die R-Bedürfnisse befriedigt sind, desto stärker werden die E-Bedürfnisse

o   Je mehr die E-Bedürfnisse befriedigt sind, desto stärker werden die R-Bedürfnisse

o   Je weniger die R-Bedürfnisse befriedigt sind, desto stärker werden sie

o   Je weniger die G-Bedürfnisse befriedigt sind, desto stärker werden die R-Bedürfnisse

o   Je mehr die R-Bedürfnisse befriedigt sind, desto stärker werden die G-Bedürfnisse

o   Je mehr die G-Bedürfnisse befriedigt sind, desto stärker werden sie.

Zwei-Faktoren-Theorie (Herzberg)

Im Rahmen der Zwei-Faktoren-Theorie versucht Herzberg, die auf die Motive von Menschen wirkenden Anreize systematisch zu erfassen. In der sog. Pittsburgh-Studie wurden 230 Ingenieure und Buchhalter danach befragt, wann sie rückblickend auf ihre Arbeit sich außergewöhnlich gut und wann sie sich schlecht gefühlt haben.

Aus der prozentualen Häufigkeit der Nennungen von Arbeitsfaktoren in „schlechten" bzw. „guten" Situationen entstand die Zwei-Faktoren-Theorie:
Die Motivatoren, die sich vor allem in dem Leistungserfolg, der

Anerkennung, der Arbeit selbst, in Verantwortung, Aufstieg und

Entfaltungsmöglichkeiten zeigten. In „guten" Situationen führen sie zur Zufriedenheit, in „schlechten" Situationen jedoch nicht zu Unzufriedenheit, sondern zur „Nicht-Zufriedenheit". Der Handelnde geht in seiner Tätigkeit auf und es wird die Bereitschaft aktiviert, sich diesen Tätigkeiten verstärkt zuzuwenden.

Die Hygienefaktoren, die insbesondere die Bezahlung, die Beziehungen zu Kollegen, den formalen Führungsstil, die Unternehmenspolitik, die Arbeitsbedingungen und die Arbeitsplatzsicherheit betreffen. In „schlechten" Situationen führen sie zu Unzufriedenheit, in „guten" Situationen jedoch nicht zur Zufriedenheit, sondern zur „Nicht-Unzufriedenheit".

V-I-E-Motivationstheorie (Vroom)

Die Valenz-Instrumentalitäts-Erwartungs-(VIE)- Theorie von Vroom kann als das Grundmodell der neueren Prozesstheorien zum Thema Motivation angesehen werden. Er ging bei seiner Theorie von der Beobachtung aus, dass Menschen in wechselnden Situationen einen unterschiedlichen Einsatz zeigen.
Im Mittelpunkt dieser Theorie stehen drei Begriffe:

Die Valenz (V) stellt als Anreizwert die Stärke der Bevorzugung bestimmter Objekte oder Handlungen für das Individuum dar und drückt die Wertigkeit gegenüber dem erreichbaren Ziel aus. So kann Geld eine positive Valenz haben, während ein gefährlicher Arbeitsplatz eine negative Valenz besitzt.

Die Instrumentalität (I) als subjektive Einschätzung über die instrumentelle Bedeutung eines Handlungsergebnisses für spätere Handlungsfolgen. Eine Person wählt z.B. eine bestimmte Handlung aus (z.B. eine höhere Arbeitsleistung), um das Ziel einer Beförderung zu erreichen. Diese Handlung wird damit zu einem „Instrument".

Die Erwartung (E) als subjektive Wahrscheinlichkeit, mit der ein Ergebnis erreicht werden kann. Die vorgenommene Handlung (höhere Leistung) wird zum Ziel der Beförderung führen oder die Bemühungen werden nur eine höhere Arbeitsleistung bewirken.

Die Bemühungen des Menschen, um seine Ziele zu erreichen sind nach Vroom eine Funktion der Erwartung, dass als Ergebnis seiner Verhaltens ein bestimmtes Resultat erreicht werden wird und eine Funktion der Valenz (Wertigkeit) gegeben ist, die das Ergebnis für ihn hat.

Effizienzorientierte Theorien und Modelle

Die Theorien und Modelle zur Führung haben vor allem das Ziel, den Führungserfolg vorhersagbar und kalkulierbar zu machen, d.h. zu verdeutlichen, wie die Effizienz der Führung und die Leistungen des Individuums bzw. der Gruppe zu verbessern sind [Weinert (2004) S. 461].

Dabei stehen die Begriffe Effizienz (d.h. „Die Dinge richtig tun") und Effektivität (d.h. „die richtigen Dinge tun") auf den gemeinsamen lateinischen Begriffsursprung zurück, der grob mit „Wirksamkeit" der Personalführung umschrieben werden kann.

Auf diesem Hintergrund stellt Neuberger mit Recht fest,

dass das Endprodukt von Führung (nämlich der zu erzielende Erfolg) – im Vergleich mit der Analyse von Führungsinstrumenten bzw. mit der Untersuchung von Persönlichkeitsmerkmalen – leider wenig theoretische und empirische Beachtung gefunden hat [Neuberger (2002), S. 434].

Aus systemorientierter Sicht, die dem zwischen dem Vorgesetzten und Mitarbeiter gemeinsam zu erzielenden Erfolg einen sehr hohen Stellenwert einräumt, sollen zunächst das Variablenmodell, dann das Führungseffizienz-Modell und das Gruppenleistungsmodell erläutert werden.